田先 著

管理者如何当

80后卓越经理人十项修炼

80HOU GUANLIZHE RUHEDANG

80HOU ZHUOYUE JINGLIREN SHIXIANG XIULIAN

中国财富出版社

图书在版编目（CIP）数据

80后管理者如何当：80后卓越经理人十项修炼／田先著．—北京：中国财富出版社，2013.4

ISBN 978－7－5047－4620－7

Ⅰ．①8…　Ⅱ．①田…　Ⅲ．①企业领导学—青年读物　Ⅳ．①F272.91－49

中国版本图书馆CIP数据核字（2013）第037331号

策划编辑　范虹轶　　　　责任印制　方朋远

责任编辑　陈　莎　　　　责任校对　杨小静

出版发行　中国财富出版社（原中国物资出版社）

社　　址　北京市丰台区南四环西路188号5区20楼　　　邮政编码　100070

电　　话　010－52227568（发行部）　　　010－52227588转307（总编室）

　　　　　010－68589540（读者服务部）　　010－52227588转305（质检部）

网　　址　http://www.cfpress.com.cn

经　　销　新华书店

印　　刷　北京京都六环印刷厂

书　　号　ISBN 978－7－5047－4620－7/F·1921

开　　本　710mm×1000mm　1/16　　　版　　次　2013年4月第1版

印　　张　13.75　　　　　　　　　印　　次　2013年4月第1次印刷

字　　数　177千字　　　　　　　　定　　价　32.00元

前 言

2012 年 5 月 18 日，风靡全球的社交网络公司——Facebook 在纽约纳斯达克交易所上市，并以 565797760 股交易量创下了美股首日交易量之最。在如今互联网造就传奇的时代，Facebook 所取得的成绩仍然算是一个奇迹，而缔造 Facebook 奇迹的管理层不是沉稳的 60 后，也不是敏锐的 70 后，而是几年前还被“讨论”和“争论”的 80 后。这其中最具影响力的便是其创始人，全球最年轻的白手起家的富豪——马克·艾略特·扎克伯格。

扎克伯格出生于 1984 年，作为牙医和心理医生的儿子从小就受到了良好的教育。扎克伯格是个电脑天才，10 岁的时候他得到了第一台电脑，从此便将大把的时间都花在了电脑研究上面。高中时很多业内公司都向他伸来了橄榄枝，这其中甚至包括微软公司，但是他却拒绝了年薪 95 万美元的工作机会，转而选择去哈佛大学上学。在哈佛的第二年，他侵入了学校的一个数据库，将学生的照片拿来放在自己设计的网站上，供同班同学评估彼此的吸引力。

“黑客”事件之后不久，扎克伯格和两位室友一起，用一星期的时间编写网站程序，建立了一个为哈佛同学提供互相联系的平台网站，命名为“The Facebook”。The Facebook 在 2004 年 2 月一经推出，即横扫整个哈佛校园。到 2004 年年底，Facebook 的注册人数已突破一

百万。自此扎克伯格从哈佛退学，开始全职营运网站，最终造就了现在的社交网络帝国。

扎克伯格的事迹提醒了每一个人，80后已经逐渐迎来属于自己的时代。没想到吧？他们已经开始从“底层”爬上来，不管你是否喜欢这一代人，这都会成为一个无法阻挡的趋势。大洋彼岸，已经出现了一位80后偶像，而在中国，这一代人也已经开始亮相经济舞台，他们的思维、行动和风貌，代表了中国未来的走向。缔造互联网神话的李想、茅侃侃、戴志康、姚建军等这些年轻的80后CEO们，犹如雨后春笋般破土而出。传统行业中一如项世栋等人，也用自己独特的方式演绎出不同于父辈的商业奇迹。

人口普查数据统计，中国的80后群体已超过两亿。从2010年开始，最早的一批80后已经开始进入而立之年，他们正在成为社会的新生力量，越来越多的80后不可逆转地开始进入了企业管理层，成为商业和社会管理的实践者。以前的80后是年轻的代名词，现如今的80后已经慢慢地走上了管理岗位。80后在目前的社会各个层面中已担任起中流砥柱的角色，成为企业的中坚力量。对于80后这批管理生力军，他们有自身的优势，但由于阅历和经验的不足，他们往往又不是很成熟的管理者，对于管理方面的问题，他们往往是心有余而力不足。所以，80后管理者应该正确面对挑战，最大限度地发挥自身优势，提高自己的管理水平，让自己成为名副其实的栋梁之才。

由于80后所拥有的特殊历史背景，他们未给其他人留下良好的印象，早些年网络等媒体上到处是“歧视”80后的现象，包含字眼的攻击处处可寻，如被称为“垮掉的一代”“最没责任心的一代”“愚昧的一代”“最自私的一代”，甚至“最叛逆的一代”等。虽然80后之前不

断被贴上“过于自我、没责任感、崇尚享受”等标签，但未来，80后必然会占据职场要职，其管理者也必然会成为不可小视的职场新势力。

值得一提的是，80后管理者是一直亲眼见证着当代中国在改革开放后日渐发展崛起并与之一同成长的特殊的新一代，30年左右的人生历程目睹到的多是整个民族的自强不息、奋起拼搏史。与更小的90后和00后所不同，他们有着从小到大眼见祖国由相对困难落后直至今天成就的完整记忆，度过了没有高科技围绕、没有多少物质生活享受却简单充实、在今天看来特别珍贵的童年时代，以及率先跨入中国的信息新时代前沿、接触新生事物、成为新千年第一批彰显个性的少年时代，最终成为了现今这群开始思考民族荣誉、国家前途，并日渐成熟进入社会有所担当的青年一代，直至最后走进了企业的中层，成为了特点鲜明的80后管理者。

以前大家碰到难办的事或处境尴尬的时候，一般都叫坐蜡；网络时代诞生了与时俱进的新词儿——坐灯管。越来越多的80后陆续坐上主管的位置，但很多在刚接受管理工作的短暂兴奋之后，却发现带领一个团队远比孤军奋战要难得多。80后坐上了“灯管”，但常常三把火还没来得及烧，自己先被烤得外焦里嫩了。

跟60后、70后相比，80后生长在一个特殊的历史时期，经历了中国社会的巨大发展和经济上的飞跃，以独生子女为主，从小习惯摆脱束缚、追求个性和自由。与其说80后管理者不好当，不如说对于80后管理者而言自我修炼更难。

一个优秀的团队是企业能够落实创新安排的团队，而落实是管理中最大的管理。但最终的管理者是人，没有好的管理者，企业肯定一败涂地。在实际管理中，80后管理者拥有自身的优势，但同60后、70后前辈相比又有自身的不足。那么，他们应该如何面对挑战，最大限度地发

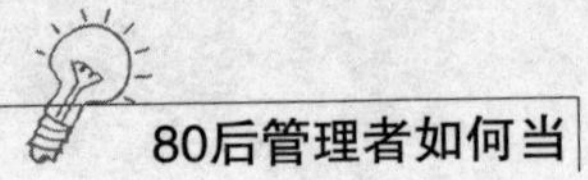

挥自身优势，创造出更大的价值呢？面对朝气蓬勃的新一代管理者，企业又该采取什么样的有效机制，使其发挥最大效能？从员工向管理者角色的转变，80后管理者们面临着哪些挑战？企业如何才能发挥出他们的最大效能？

本书旨在为80后管理者提供一盏指引前进道路的明灯，帮助80后管理者扬长避短，未雨绸缪，更好地走好自己的管理之路。

作　者

2013年元旦

目 录

第三部分　80后管理者如何向下管理

第一部分

80后管理者的机遇与挑战

从20世纪90年代开始，中国经济进入突飞猛进的改革开放时代，在大时代中孕育的商机成就了无数敢打敢拼的管理者和企业家。步入21世纪，随着中国加入WTO，市场经济的重新洗牌作用开始显现，企业运作更加规范，公司对管理人员也开始有了新的诉求。

当前的管理者还是以60后、70后为主，但是他们已经发现，昨天他们还在为如何吸引和留住Gen－X（Generation X的简写，1965—1980年出生的一代）大伤脑筋；今天他们却需要为一个新的群体所带来的诸多管理难题同样伤神。他们“在同一个工作岗位上工作一两年就希望获得晋升”、他们“厌恶森严的等级，特别渴望平等和表达自由”、他们“不愿意加班，希望享受工作而不被工作奴役”……他们同样有敢打敢拼的闯劲，但是也多了些许桀骜不驯，这就是企业目前的新生代——80后一代。

面对这支新的职场生力军，中国的管理者们在欣赏他们给职场带来一股清新之气的同时，也因他们对职场的传统规则的冲击，开始努力寻找良策，想法子出招应对。美国的经验给中国管理层以警醒：在中国，80后人数目前尚不足职场总人数的1/3，传统的管理方法或许能勉强奏效。但展望未来，总有一天，80后将接下前辈们的接力棒，成为职场中的主力军。与其到时仓促应对，不如现在就把焦点对准中国的80后，以展现80后管理的未来走向，找到中国企业与80后博弈的和谐路径。

第一项修炼　80后管理者的机遇

60后和70后的人很多已经坐稳了企业的管理层，30多年的改革开放在他们看来弹指一挥间。其实在历史的长河中，新中国成立60多年，何尝不也只是弹指一挥间。但作为某个时代一个具体的人，只要回首看看前三十年、前二十年，再看看今天，就会在这“一挥间”中感觉到一种翻天覆地的巨变。

比如一些能印证60年代、70年代人们的旧物品，那是一代人的记忆，而今，这份记忆已经换成了陪伴在客厅里、屋子里的家具、生活新用品，都是近十年来的新产品。几近消失的洗衣盆和搓衣板、挑水的木水桶和盛水的瓦缸、取暖用的竹火笼、储藏过冬腌菜的泡菜坛子以及煮饭的大铁锅和甑子等，都已经越来越难得一见。这不禁让60后、70后的人们觉得惶恐，感叹是不是属于自己的时代已经到了尾巴。

目前，很多80后的员工已经成长为企业的中间管理者及中坚力量。这股管理的浪潮暗流汹涌，很快将进入显性化的阶段，是不可阻挡的趋势。而很多老一辈的管理者面对这股新势力还不适应，甚至80后自己也显得手足无措。那么80后究竟应该如何当好管理者？应该怎么样去承担自己的责任？这是当前80后普遍面临的也是迫切需要回答的问题。

但是不管怎么说，现在的企业管理层已经向我们这些80后打开了大门。长江后浪推前浪，各领风骚数十年。我们到了担纲重任的时候了，对我们来说，无疑是一个大展宏图的机遇。

一、哪些80后容易成为管理者

根据2012年年初最新的统计显示，零点研究咨询集团在19个高管中，有3个是80后，中层中，80后的人数已经超过一半，普通员工中，80后占到80%。锡恩管理顾问公司在26个高管中，80%是80后，中层全部是80后，普通员工中，80后占到80%。

当然，针对零点研究咨询集团和锡恩管理顾问公司的调查有一定的特殊性，因为管理咨询行业和IT一样，属于员工年龄相对较低的青年行业。但是，零点研究咨询集团和锡恩管理顾问公司的这组数据的代表性毋庸置疑，调查的结果从侧面说明了一定的问题——80后管理者已经是当前很多公司的管理中间力量，80后管理者已经走向了前台。那么，究竟什么样的80后容易成为企业的管理者呢？或者说，生活阅历和个人性格如哪些的80后，才最有可能成为企业的骨干和核心力量呢？

1. 非独生子女的80后

1979年我国政府实行计划生育以来，独生子女的数量与日俱增。目前许多城市幼儿园的幼儿中，独生子女所占比例在90%以上。独生子女的大批出现，是我国实行计划生育政策的结果。计划生育政策有效地控制了我国人口的自然增长速率，为提高我国人口素质，创造了有利条件，但在教育方面，也出现了“独生子女问题多”“独子难教”的思想倾向，有些人甚至把一些独生子女夸大其词的称为“中国的一群小皇帝”。现代的孩子患有“四、二、一综合征”等。据部分专家、老

师在部分省、市抽样调查分析中得出的结论，独生子与非独生子，同样遵循儿童身心发展规律成长，但是由于独生子女在家庭中位置特殊，家长对这种特殊性缺乏认识和心理上的准备，因而带来一些值得探讨的新问题，而非独生子女由于相互间的制衡，反而能够较好地成长，得到更多的锻炼机会。

独生子女家庭经济相对宽裕，有可能为孩子提供较好的生活、学习条件。但孩子在家庭中的地位独一无二，若教育不得法，容易出现一些心理偏异。父母和祖辈的溺爱娇宠，容易使孩子变得自私，凡事先考虑自己的利益得失，从不知为别人着想。对“独苗苗”百般袒护，长者不愿约束孩子，使得孩子在家庭这个最早加入的社会结构中，未能养成尊重长辈、遵守纪律的自觉性，而是任性骄横，家庭成员关系颠倒，走向外部社会也不懂得尊重别人。独生子女没有兄弟姐妹为伴，幼时缺少与小伙伴一起游戏的集体活动，既不易养成与人协同合作精神，又缺少竞争性，所以社会适应能力差，容易形成孤僻、缺少热情的个性倾向。在家里，父母代劳独生子女的许多本应自理的工作，易于养成依赖性，自主精神和自主能力都差，也缺少劳动自觉性。家长望子成龙，请家庭教师，买钢琴，成天逼孩子认字、作文、弹琴、习画、学外语，没完没了。孩子缺乏应有的游戏时间，会产生厌学情绪。

由于以上种种原因导致独生子女会出现一些人格上的倾向性，在社会交往，人际关系上存在着很严重的问题。研究表明，在情绪特征上，独生子女在情绪强度和主导心境上显著强于非独生子女，但在稳定性上则明显低于非独生子女。在智力特征上，独生子女在权衡性方面明显不如非独生子女。

研究表明，独生子女会比非独生子女更有成就，而且更具有主动

性。他们比其他同龄的孩子成熟得更快，因为他们是父母的中心，父母对他们的期望也高。而且，没有兄弟姐妹一起玩要，他们在大部分时间里都是和成年人在一起。

非独生子女的家庭经济状况一般要低于独生子女，所以在教育水平和物质生活水平上要与独生子女有所差异，同时非独生子女却会在从小与兄弟姐妹的交往中得到很好的影响，所以一般非独生子女在人际交往和社会生活当中比独生子女更有优势。这样看来，相对于独生子女，非独生子女在个人情商发展和工作过程的协作能力上是存在一定的成长环境优势的。非独生子女的 80 后，他们离 70 后近，离 80 后远。这样说是因为，80 后一代大多比较“独”，因此，非独生子女的 80 后懂人情世故，在职场中就会特别受欢迎，容易脱颖而出。

调查显示，全国的 80 后中差不多 65% 的孩子是独生子女，城市里的 80 后中，有 85% 的家庭是独生子女。这些独生子女很多娇生惯养，走向社会依然要“啃老”度日，很难迅速适应社会的环境，更别说独当一面了。所以，独生子女的领导力是不足的，相比较而言，非独生子女，由于从小要和自已的兄弟姐妹相处，社交的潜意识要形成的更早也更成熟一些，有助于其在工作后走向领导岗位。

2. 城市中贫困家庭出来的 80 后或在农村长大的 80 后

城市中贫困家庭出来的小孩和在农村长大的小孩，成为管理者的概率会高一些。这是因为我们 80 后受生活条件所限，不得不时常与社会打交道，能够理解和参与社会的一些交易模式，这个现象我已经在很多单位得到了印证。

而且，“穷人的孩子早当家”也是一个不争的事实。当城市里的独生子女还在父母的庇护下娇生惯养的时候，农村的清苦孩子已经开始劈

柴喂马，跋山涉水地去半山腰的学校上课，不同的环境，成长的经历和对个人性格的塑造不可同日而语。当一个孩子在10来岁的时候就能整理家务、帮父母做饭、用有限的时间挑灯夜读的时候，其骨子里的坚毅强于城市中睡在阁楼空调下的孩子是不争的事实。同样地，城市中的贫困家庭的孩子同样能够较快地成长，这份快速成长甚至比很多农村的孩子要更迅速。因为城市里的贫困家庭的孩子，一方面能看到大城市的喧嚣、跟得上社会的发展，另一方面又因为在这个环境里被动地被比较、被嘲讽，从而深深地加剧了其想要成功的心情和对胜利的渴望。他们渴望改变自己的命运，渴望走出一条属于自己的路。

城市中贫困家庭和农村的孩子都是辛苦的，是需要做更多努力的，然而，正是这份清苦和汗水，让这些80后更加成熟、更加果敢，他们比别人更早的努力和成长，换来了他们事业上更容易的成功。在此，我想说的是，现如今啃老族已经是一种时尚，对此很多人和我一样无可奈何。其实看看发达国家，一个孩子大学毕业以后，很少需要父母找工作、父母给买房子买车子，如果一个人到了40岁房贷还是父母还，我不知道这是家庭富裕的幸福还是那个孩子的悲哀。我相信，也希望当下现在很多家境不好的孩子相信，富有不是“官二代”“富二代”的专利，富有从来不是单单指财富的富足。一个能靠着自己的双手创造未来的80后，才是最有资格站在管理行列的人才。

所以，家境贫寒不是自暴自弃的理由，要相信，现在的磨炼是为了自己更好地成长，绝对不可以放弃。而在这一点上，无数的80后管理者已经是你们的楷模。

3. 从事营销领域工作的80后

营销工作是对一个职场人要求最高的领域之一，他要求身在其中的

职场人能够具备较高的情商、出色的社交能力，同时还需要一定的专业知识。正是这种相对完备和苛刻的要求，造就了营销领域出精英的模式，在这一领域出现好的管理者也就不足为奇了。

很多80后的营销人员能够成为管理者，倚仗的无不是自身高人一等的情商和出色的社交能力。营销人员普遍有较高的热情，在业务活动中待人接物能始终保持热烈的感情，使人感到亲切、自然，从而缩短与其的感情距离，能够一起创造出良好的交流思想、情感的环境。同时，营销人员性格开朗、坦率、爽直。具有这种性格的人，能积极主动地与他人交往，并能提高交易成功的可能性。与其他工作相比，营销活动具有更大的难度，营销人员实现业务活动目标总是与克服困难相伴随，因此业务人员具备坚毅的性格。而已经走进管理层的80后管理者，也无不具备坚定的意志和毅力，才找到了克服困难的办法，最终获得事业上的胜利。

与此同时，营销人员因为业务需要而要参加多种社交活动，这种活动对营销工作的成败有很大影响，所以一定要讲究姿态和风度，做到举止落落大方，稳重而端庄。不要缩手缩脚，扭扭捏捏；不要毛手毛脚，慌里慌张；也不要漫不经心或咄咄逼人。坐立，姿势要端正；行走，步伐要稳健；谈话，语气要和气，声调和手势要适度。唯其如此，才能使人感到和你合作是可以放心的。这些无不为营销走向管理岗位加分不少。另外，营销人员还往往具备幽默感，特别是言谈风趣、幽默，这也使人们觉得因为有了营销人员而兴奋、活泼，并能使人们从营销人员身上得到启发和鼓励。

在各大家电连锁店，提拔销售员中的优异者晋升到管理者已经成为约定俗成的惯例。干而优则管，只要业绩好就会得到晋升的机会。好的

管理者身上必然有一些好的特质，而好的销售员几乎都具备这些特质。比如善于表达，精通销售；能够把握全局，引领方向；公正忘我，责任感强；喜欢挑战，有培养的潜力；具备专心致力达成计划目标的事业心，等等。

营销人员这些特点很大程度上决定了管理水平，因此营销人员很多都走向了企业的管理岗位。相互印证的是，一个好的管理者，同样也是一个不错的营销人员，因为其具备营销人员必备的素质。

4. 在民主独立的家庭氛围下长大的80后

父母是孩子的第一启蒙老师，家庭环境也对一个人的成长起着至关重要的影响！可以说什么样的家庭气氛就会培养出什么样性格的孩子！如果父母更多的关心孩子的心理健康、能力的培养，而仅仅是学习的成绩，那么孩子自身的潜能就会得到很好的开发！

毋庸置疑，80后多数成长物质条件相对优越的环境，少有吃苦锻炼的机会，那么一个家庭给予的教育就更加至关重要。所以，成长在比较民主的家庭里的孩子，其想法可以得到充分的表达，没有过多的束缚，思维方式就会更加活跃，更加有想法！而且，他们的动手能力与自主能力也得到了充分的锻炼，懂得如何做抉择，做事情更有条理性，更有责任感！

当然，他们难免会遇到更多的挫折与考验，而这恰恰能够培养他们处理问题的能力和靠自己解决问题的勇气。一旦他们靠自己解决了问题，或者取得了成绩，就会得到同伴、父母等人的赞赏与赞扬，进而增强他们的自信心，更重要的是会得到自己对自身的肯定，增强内心的承受力，看待问题更加乐观，充满正面的能量，敢于尝试与挑战。

自信，富有创造力，有想法且做事有条理，敢于承担责任，这些正

是一个优秀的管理者应该具备的优秀品质。在民主独立的家庭气氛的80后，从小就得到能力、素质等多方面的培养，因此，他们更加具有当好一个管理者的潜质，做出一番事业！

二、80后管理者身上的时代特征

作为80后管理者，往往是这样一群人：高学历、科班出身、高革新力、思维敏捷，是同龄人中的佼佼者。他们中的大部分在营销、管理咨询和IT等领域已经是行业精英。

80后管理者同80后的主流人群一样，具备明显的时代特征，只是担忧有所不同，具体而言主要有以下几点。

1. 很“独”很自我

这是80后的一个共同特征，也被80后管理者在职场创立为一种“品牌”。在他们眼中，“我的风格很重要”。他们看重自我，看重个性，不那么在乎各种制约。但表现出的“独”，有时候也让前辈们头疼，他们似乎更愿意独自冲锋陷阵，而不愿意与他人合作，有时会让人感觉他们多以“自我为中心”。这种行为的心理原因是他们需要通过保持自我独特性，来保护自己的优势。因为他们往往是凭借独创性才在职场脱颖而出的，所以他们喜欢用自己的方式而不是模仿前辈，也不那么愿意循规蹈矩。在责任心和自我之间，他们也往往选择自我，比如完成一个项目，做了一段时间，感觉并不能显示他的才能，就会马上停手，绝不会坚忍的干完。这并非“责任心差”，而是他们不能容忍没有“自我价值”的工作。另外，80后的管理者们往往更加忠诚于自己的职业生涯，而非所属的企业或老板。

80后管理者有权利保持自己的独特性，但“自我”并不是一成不

变的，而是需要不断发展成长的。在职场中，一个不断在发展着的“自我”，比一直死守着的“自我”更坚固。真正的独立是需要不断参考他人经验，在对比中不断丰富的。在看着自己“与众不同”的特质时，也需要收集一些“大众”的特质：每月可以尝试用一种大众或前人的方式完成10%的工作，如果遇到困难，就请教有经验的人，不要换回自己的方式——这样的尝试，可以在保持独立性的基础上，增长你的职场弹性，培养责任心，有利于在人际中“去独化”，也更有利于在工作方法的对比中，寻找更适合自己的套路。

2. 需要弹性空间

“求新求变”是年轻人的特色——这同样适用于80后管理者。无论是工作安排还是工作时间，他们都期望可以更灵活和有弹性一些。心理学家认为，人的创造力和新异刺激有关，变化性和弹性可以激发更多的创造力。另外，这也与80后的生活方式有关，他们所习惯的世界，并不是那么注重规则的，可以说他们都是“市场经济性格”在规律中寻求变化，在正常中寻找例外，是他们流行的思维风格。

王亮是个80后的帅气小伙，大学毕业后在北京的第四个年头，他发现自己还是那么不安定，在城市的人们为了房子拼命的时候，他却悠然地做着个“月光”。作为小公司的中层，天天忙碌而不失悠然地过着日子，从来没有想过要在这里买房子，做一辈子房奴。因为王亮感觉大城市是不适合人享受生活的，出门就是汽车的噪声，污浊的空气，在这样的城市中生活，心情都无法彻底的开朗。在王亮的心里，他计划着先每天享受生活，如果有多余的钱才会存下来，然后回家盖栋小别墅。

王亮的想法和生活方式，是很多80后的典型想法。

因为80后需要弹性空间的天性，“弹性”也成为大多数80后管理者的灵感来源，他们所管理的团队，往往都是快速激进，紧跟变化。80后管理者可以向企业申请更弹性的工作方式，但要注意使用项目管理来配合弹性的工作时间。在追求变化与创新的同时，注意寻找规律。

3. 爱好挑战权威

很多老板对80后的印象是：“想法莫名其妙，总是挑战我，觉得我的一些做法不对……”的确，在80后的眼中，绝对权威并不存在，他们对权威的态度是“没有挑战过，绝对不服从”。所以在一些有明显管理漏洞的企业里，80后们常常会对60后、70后管理者有着群体性的对抗。因为他们比起前辈们，更了解什么是“竞争”，他们自生下来，就在学习“竞争”。而竞争的第一步，就是挑战权威。应该说：一个懂得挑战权威的人更具竞争力，开创性和革新力，更吻合管理者的特质。80后管理者也大都是在挑战的过程中，被老板赏识。

挑战权威的精神是可贵的，但在挑战前先要了解自己挑战的“动机”，如果是为了表现自己，或出于情绪发泄，并不建议。挑战的出发点，应该站在“有见解”的基础上，需要有建设性。另外，需要注意方式和场合，挑战的前提是尊重和了解，你需要尊重对手，包括他的身份、场合与时间；需要先了解清楚对方的看法，然后有理有据地提出自己的想法。

4. 成就动机大于现实

80后管理者都是年轻上任，所以难免因为起点高，而成就动机过强。在心理动机理论中，成就动机可以帮助一个人以高标准要求自己，力求成功。但如果动机太强，就会令人过于追求完美，而忘记眼前的实

际。这是80后管理者一个很大的心理误区，会导致急功近利和盲目冒进。而且在工作规划中注重眼前利益而缺乏长远规划，也容易导致失败。一旦遭遇工作挫折，他们容易一蹶不振。还有一部分人，“宁愿重来，不愿改错”，一旦一个项目失败，就会整个丢弃，冲向另一个新项目，不敢面对自己的失败。

80后管理者应保持平常心面对期待，保持适度的成就动机。把对成功的渴望，都化为详细的实施方法，例如：想出色完成手头的项目，就在广泛收集信息后，制订一个详细的项目计划，用计划来替代渴望成功的冲动。另外，要允许自己犯错，虽然身为管理者，但毕竟工作经验尚浅，犯错很正常，只要对每一个挫折，都当考试修改错题来对待，从中学习，下次就能成功地越过去。不必揣测领导会不会因为你的一次错误而对你失望，领导都是看长远性选择人才的，反而，你需要学会向他们求助，这样更能显示你是一个遇挫能力强，有学习精神的可塑人才。

5. 人际观是“关注我”

80后大多是独生子女，所以他们习惯了被人关注。在人际关系中，80后管理者的“被关注倾向”和“表现动机”都很高。他们希望成为团队中的核心，可以被接纳，被关注。但因为职场经验较浅，他们大多数人并不那么善于换位思考，常常会把对自我的要求等同于对他人的要求，对意见的接纳度也较低。有时候，他们在团队中的身份会有些尴尬，作为管理者，他们有时候需要面对比他们大很多的员工，这些员工很难甘心服从。这个时候，80后管理者的“关注我”人际观会被忽视，他们的决策会受到阻碍。

80后管理者应该用流程来管理，而不要用人来管。面对比自己大的员工，如果指手画脚，的确会招致反感和隔膜，最好的方式就是制订一个详细的工作流程，大家都按流程走，环环相扣，互相制约。出了问题能够有清晰的责任人，不需要那么多的主观判断。这样可以保持公正和开放，也能有效的让团队运转。另外，待人真诚，以德服人，这是千古真理。每个人都渴望成功，喜欢被别人承认，只要可以满足员工这两个需要，无论他比你大多少，都会支持你。

1982年出生的Jack，是南方人，毕业于北京某名牌大学，一直在北京工作，从事消费类电子行业市场与技术支持的工作，任市场经理。2010年，Jack在猎头公司的介绍下，跳槽到深圳一家美资公司任全国销售经理，一年后又离职回北京。

从北京跳槽到深圳，Jack主要考虑了四个原因：一是客户公司的行业知名度，为全球前三；二是薪酬double；三是职位提升；四是女朋友是北京女孩，喜欢到深圳和香港shopping。从深圳又回到北京，Jack也列举了两个原因：一是另一家美资公司提供了在北京的offer；二是家庭原因，女友家人希望他们回北京。

职场专家指出，80后关注自我价值实现，看重自我，看重个性，不那么喜欢束缚。80后经理人是一个频繁跳槽的群体。在管理层中，80后属于新晋群体，往往要面对更多的质疑。要证明自己的名副其实，他们需要做出更多的成绩。一旦事情发展不如预期，他们很容易怀疑自己的能力与岗位是否匹配，公司是否给予了足够的支持，自己的价值是否能在这个公司和岗位上得到体现等。他们总是对自己现有的成就不满，或者是认为目前的职位无法体现自己的能力和价值，从而作出跳槽的决定。

三、80后管理者的独特竞争优势

近些年，在管理咨询、ERP实施和教育培训等行业，由于行业特性，造就了一大批的年轻管理者，这其中不乏80后的基层管理者。以北京为例，大大小小的培训机构数以万计，高思教育在这其中名列前茅。高思教育的基层和中层管理者有很多80后，他们中有很多毕业于清华和北大等国内知名学府，且学历至少为研究生。做起事来不怕挑战，勇于创新，极具开拓精神，对新经济、新技术、新行业、新模式等更敏感和易于接纳，更善于新经济条件下的资源整合与创造。

那么在实际的管理中，我们也一定要全面地看待问题，80后管理者拥有自身的优势，但同60后、70后前辈相比又有自身的不足。那么，他们应该如何面对挑战，最大限度地发挥自身优势，创造出更大的价值呢？面对朝气蓬勃的新一代管理者，80后管理者的优势到底是什么呢？

1. 文化教育水平普遍较高

全民文化教育不断提高，员工文化水平普遍较高，同时新技术、新设备，不断涌现，办公手段日益现代化，这对80后管理者的管理文化素质提出了更高的要求，80后管理者必须具有较强的观察能力、思维能力、应变能力、分析判断能力、决策运筹能力、计划组织能力、协调控制能力、总结汇报能力以及创新能力等。这些能力的提高，都需要丰富的文化知识作基础。

2. 学习及获取信息途径丰富，导致视野及胸怀更宽广

邓佳是北京第二外国语学院的本科毕业生，由于家里条件不是

很好，邓佳没有选择继续深造，而是本科一毕业便出来工作，学历的不足并没有让邓佳放松对自己的要求，在他心里一直希望能够发挥自己的领导才能，施展自己的抱负。

由于学习能力强，涉猎广，大学还没毕业邓佳就很快被一个跨过信息交易中心录取，从事新闻和商业情报方面的工作。起初，邓佳还只是一个不起眼的小职员，80后的他和其他校园招聘走进公司的人没有不同，但是邓佳获取信息的能力太强了，以至于不到两年就掌握了所有情报的来源、收集方法和渠道代理，成为了跨过企业的一名基层主管。职位虽然不高，但是前途无量，而这个过程他只用了两年。随着邓佳能力越来越突出，视野和胸怀也得到了高层的更大认可。

从邓佳的例子我们不难看出，一个卓有成效的80后管理者，必然是一个能够从各种渠道涉猎信息和知识，并能够通过知识丰富自己，使自己更加具有远见和胆识，视野和胸怀也更加开阔。

3. 更具挑战和开拓的勇气与激情

美国诗人爱默生曾说过："没有挑战精神，你将无所追求。没有开拓精神，你将一事无成。"具有开拓的精神是一种美德，人类之所以能够成功、建造文明，就是因为人类永远保持着向上的心态，无论遇到什么困难、挫折和打击都不退缩。对自己的野心要有节制不泯灭，这样的人就是成为基层领导者的80后的必备特质的人，就是有机会放大人生格局的人。

在职场中，勇气是面对威胁和危险时能够不惜代价去做正确的事。勇气往往从直觉而来。如果所有的决定都从理性而来，那么人一定会选

择风险最小的结论，根本不需要任何勇气。而职场中的激情是狂热的。汤姆·彼得斯有一个论断："企业家精神就是在不充分的论据基础上没有道理地相信。"而结果是激情和技能的产物。

对自己所做的事情充满了勇气和激情。它是一种发自内心的使命感，赋予了80后管理者能量、动力和热情，这也是80后管理者不同于60后和70后的一个显著特点。

4. 思维更活跃，更善于创新

据介绍，2012年8月上海一家人力资源咨询机构进行了一次调查，调查涉及在沪的104家外企。调查显示，外企在招收应届生时，最看重的依次为专业是否对口（36.36%）；社会实践经历（24.24%）；毕业生的在校表现（22.73%）以及应届生的毕业院校（16.67%）。而在应聘者的能力方面，外企最注重的依次为沟通与交流能力；执行与动手能力；学习与科学思维能力；应用分析能力；创新能力及其他能力，如时间管理能力、英语能力、独立思考能力等。在对80后大学生的评价上，40%的外企认为不管是已经在公司工作的80后管理者，还是即将进入公司的80后毕业生，他们最大的优点就是思维活跃，学习能力强。

同样的故事还发生在北京，Linda Zhang是北京一个外企的职员，80后的她在刚入职的时候就是个很活跃的女孩，点子多，做事有股冲劲，其表现让领导颇为满意。得到了领导的肯定，Linda更加自信，更加努力地为公司贡献自己的力量，最终，80后的她收获了职场的果实，最终成为了一个部门的主管。

思维活跃，善于创新，已经是80后一代的标签，这个标签也自然而然的被带到了80后管理者的身上，他们善于人际交往，愿意接纳新

的事物并作出创新的尝试。

四、80 后管理者能给公司带来什么

80 后管理者经常会遇到这样一个问题：能为我们公司带来什么样的价值？很多 80 后管理者对此都没有信心，不够自信，害怕自己的经验不足。

其实这种顾虑 80 后大可不必有，要清楚，公司聘用自己首先是肯定了自己的能力，其次就是帮助企业解决问题，而不是在遇到问题时张着抱怨的嘴，唉声叹气，缺乏自信，制造恐慌。没有自信的管理者对于公司的危害甚于无能之辈，因为他不仅不能解决问题，相反还会制造问题，这样的 80 后管理者想必没有哪个老板会喜欢。

相反，80 后管理者需要明白，他们的责任不仅仅是奉献自己的价值，同时还需要为企业提供新的观念与思路，新的风气与氛围，以及新的信息与知识。

1. 新的观念与思路

夏雨峰是英泰克国际集团的执行总裁，他的经历被称为“最快的 80 后职场晋升神话”。从不名一文的小员工到鼎鼎有名的集团总裁，夏雨峰是靠自己的双手打拼出来的。

2003 年的春天，夏雨峰毕业后去做市场专员，这是一份很普通的工作，月薪只有 4000 元。一个堂堂的 MBA 毕业生去做只有初、高中毕业生才做的工作，这对夏雨峰来说好像残酷了点，但他却很重视这个机会，工作十分努力。

在做市场专员的时候，他比谁都卖力，他经常主动加班，尽管从来没人要求他这么做。他要给自己充电，让自己具备为公司创造更大价值的能力，从而对得起公司所支付的工资，也让自己从中更快地成熟起来。

夏雨峰是这么想的，也是这么做的。10个月后，由于业绩突出，夏雨峰被升任为培训中心的校长。当时，培训中心之间是有竞争的，但他并没有把自己仅仅定位在一个培训中心的校长上。在工作的过程中，他毫无保留地将自己的成功经验拿了出来，介绍给其他有竞争关系的培训中心。他常常把自己的经验和盘托出，与同事分享，甚至帮助他的上司获得能力上的提升。表面上看起来，他好像吃亏了，自己辛辛苦苦换来的经验转眼就拱手送给了别人。但在他的帮助下，他的上司，也就是培训中心的副总裁得到了提升，因此这个位置就空了出来。毫无疑问，夏雨峰被升任为培训中心的副总裁，又一次实现了职场上的飞跃。

没过多久，夏雨峰的努力换来了他人生中又一个机会——英泰克国际集团看中了他在中国IT培训领域的经验，请他过去做总裁。就这样，夏雨峰成了英泰克国际集团的执行总裁、英泰移动通信学院的CEO，也完成了从一个普通职员到美国纳斯达克上市公司总裁的跨越，而中间的时间差不到3年。在这个过程中，夏雨峰的体会是：只有为公司创造了价值，公司才能给你提供更远大的发展空间。

人生在世，每个人总是想获得更多的东西：名声、地位、金钱……但往往忘记了，没有什么东西是可以不劳而获的，任何东西都需要通过自己的付出去换取。有所得就有所失，成功也是如此，80后管理者只有先付出自己的价值，才能从别人那里得到属于你的回报。

这就像下象棋，如果总盯着一车一卒跑，那不仅追不上，而且很可能什么都得不到；相反，如果放弃眼前的一颗棋子，从全盘去筹划和打算，那得到的又岂止是一车一卒呢？夏雨峰的成功来自于他的勇于摸索和创新，善于总结新的经验与思路，并舍得分享给团队，为团队带来新的观念与思路，在帮助别人的同时，他也成就了自己。

2. 新的风气与氛围

张斌是北京一家民营企业的人力资源经理，80后的他来公司已经4年。张斌所在的公司是一家知识产权公司，多年来受行业限制员工年纪普遍偏大，缺少80后的员工。正因为如此，企业的氛围总是死气沉沉，没什么活力。但是，随着张斌的到来，大家发现，整个公司的氛围变了，张斌每天都和老同事打招呼，帮助老同事拿报纸、接咖啡，久而久之，老同事们也愿意和他聊上几句，都说“我儿子要是有你一般出息就好了”“我儿子也跟你差不多大”……公司的氛围变得活跃和热烈，公司领导看在眼里，对于这个80后小伙子给公司带来的变化，公司领导喜上眉梢，加上张斌工作努力，专业知识过硬，最后得到了提拔，成为了人力资源总监下边的最年轻的经理。

1983年的向京京，2005年毕业，进入北大青鸟，开始职业生涯飞速发展。

向京京首先被分配到北大青鸟的市场部进行实践锻炼，而她万万没有想到第一个工作任务居然是外出派单，就是我们俗称的

“发传单”。对于这样的落差，京京并没有气馁，反倒很快调整好自己。“市场工作固然很苦，如果在这里我能生存下去，在其他岗位上就会感觉容易得多。”所以，就算是一个我们看来非常枯燥的差事，京京也会用尽十二分的认真去对待。市场部两个月实践中，她是别人眼中“最快乐最有效率的派单员”。我一直认为能在平凡中做出精彩的人是值得我们学习的，京京也算一位。之后她被调到咨询部，从一名咨询助理，也就是类似前台接待的岗位做起，深入每个岗位认真学习，全面了解职业培训学校的运作模式。在这个过程中通过她的描述我们感受不到浮躁，感受不到一丁点放弃的念头，唯一感受到的是她的坚持和踏实，这也为她以后的发展铺就了成功之路。

2006年3月她的出色表现引起了游戏学院校长的注意，对方很快向她抛来橄榄枝。北大青鸟已经是一家相对成熟的培训学校，相较于游戏学院，京京认为后者更能给自己更多的锻炼和提高。受邀加盟游戏学院的向京京果然不负众望，之后两年的时间她几乎每半年就有一次飞跃，她用自己的努力和实力一次又一次的证明着自己。2006年3月至9月她是上清寺校区的咨询经理，在她的带领下团队力量空前高涨，9月时整个上清寺校区已经无法容纳日益增多的学生；2006年10月至2007年6月，游戏学院开辟新校区，她又出任高新校区市场部经理；2007年7月至12月，她荣升游戏学院西南大区市场督导；中间的时间更频繁地接受高强度的全国各地新校区推广工作，从广州到长沙、武汉再到重庆，很难想象短短半年时间这么多艰苦而烦琐的工作是由眼前这位文静秀气的女孩领头完成的。2008年1月，向京京正式出任游戏学院高新区校长，也是游戏学院迄今为止最年轻的校长。

从以上两个案例可以看出，80后身上特有的活泼、乐观、激情、敢想敢拼的精神，都是当今企业非常需要的新鲜因子，80后的管理者，应学会扬长避短，充分发挥自身优势，为企业及团队注入新鲜血液，进而带动和改善团队风气及氛围。

3. 新的信息与知识

除了能为公司带来新的观念与思路和新的风气与氛围之外，80后管理者往往能够为公司带来新的信息和知识。很多时候，很多80后员工都是有想法的，能够从不一样的角度看到60后和70后管理者所看不到的企业问题，但是在这些80后登上管理舞台之前，他们还都只是企业的普通一分子，他们的声音无法被高层听到。但当一个80后变成了中层管理着，能够参与到企业决策和运营，那么企业就会惊喜地发现，管理队伍向80后扩军会带来新鲜的信息和知识。

王兵是某教育培训机构的流程管理部部门经理，说到王兵对这个教育培训机构管理的推动意义，机构里很多员工无不交口称赞。该教育机构作为北京排名前列的教育机构，在建校伊始就很重视流程管理，先后上马了两位流程管理部的经理，但是机构的流程工作却始终不见太大成效。

终于，2010年夏天，1981年出生的王兵凭借着在运营部门的卓越表现，从运营主管被领导提拔到流程管理部担任部门经理。王兵在来公司前，曾在咨询公司做过流程咨询工作，有多个流程项目的管理经验，他深知公司的流程不见起色，主要就是原来的流程管理部门领导思想守旧，管理理念落后，流程管理的定位仍然停留在过去的画流程图、写流程手册的思路上，导致流程管理没有实际推

动意义，流程管理部门边缘化。

王兵上任后，并没有大刀阔斧地对企业流程进行全盘梳理和改革，而是同运营管理部门一起，向业务部门调研业务问题，同时灌输全新的流程管理理念——即流程要服务于业务，真正解决业务问题。王兵在公司内召开了多场流程管理培训，分享了流程管理的全新理念和案例，使公司上下对流程管理有了全新的认识，接纳了全新的信息和知识。在得到了业务部门的理解和支持后，王兵开始一个一个专题的推进，每召开一次专题、优化一个流程，都切实解决了业务部门棘手的管理难题，也凭此得到了业务部门的一致赞誉。

2012年年初，王兵以优异的工作成绩被领导破格提拔为运营总监，成为了该公司成立以来最年轻的总监，在行业内也有了自己的地位。

作为一名80后管理者，我们是不是也需要经常这样问自己："我能为公司提供哪些新的观念与思路，能够提供哪些新的风气与氛围，以及哪些新的信息与知识?"能够时刻想着为公司做这些的80后管理者，是一个对工作极为负责的管理者，他会在工作中时刻提醒自己努力做到最好。在这个过程中，他的能力得到了提升，也在无形中为自己增加了成功的砝码。

五、当前是80后管理者的最好时期

阿里巴巴集团董事长马云曾经在做客优米网"在路上"栏目时称："一代人会胜过一代人，80后的时代还没有到来，埋怨是徒劳无益的，年轻人应该积极抓住今天的机遇，迎接时代的使命。"

马云认为，80后有权利抱怨，但没有资格抱怨，当80后到了四五十岁时，则是有资格抱怨但没有权利抱怨，你必须把它干好。没坐到那个位子的时候，就不知道那个位子有多么的痛苦，那就到时候做好自己的位置，同时不抱怨，因为你年轻的时候没有抓住属于自己的最好的时机。

关注新闻时事的人如果留心，你会发现，记忆中还是孩子的80后正在迅速长大，很多人已经开始崭露头角了。像刘翔、姚明、郎朗、韩寒、李宇春这些生于20世纪80年代的人，都已经成为符号化、标志化的时代人物。前几年还被斥为“草莓族”的80后，已经全面进入职场，如今在大学里晃动的已经都是90后的身影——当然，也许读博的除外。仗着人多势众、学历水平高和年轻、精力旺盛的优势，80后已经迅速地成为职场的主流，扛起职场的重担，并开始占领职场制高点，向管理阶层和骨干的岗位发起进攻。

2008年是80后机遇的开始，2008年的金融危机使80后占领和进攻更快更彻底，由此也造就了后来几年80后的升职潮，而60后恰恰是这轮进攻中的失败者，一部分60后人在囧途，职场前景很失落，很无奈。

60后已经处于40~50岁的年龄阶段，总体的受教育程度要低于80后；在生理上，由于多年的打拼，身体健康状况已经开始走下坡路；在心理上，家庭、职业的压力使他们中的很多人处于中年危机的时期，另外，60后的人不如80后会把痛苦说出来，也就是说不那么会“哭”。

老王是一位60后，他最近在日记中咬牙切齿地记录了一件事情：自己的同学被年轻的下属顶替了职位，失业在家，处境艰难。

同时，让这位同事愤愤不平的是，自己勤勤恳恳地工作了20年，信奉努力、勤劳、守法的原则，而今，不但没有爬上更高的社会阶层，没有无忧、享受地生活，还要每天为生计奔波，为工作提心吊胆，为物价斤斤计较，为孩子上学操心，为老人看病操心……看着居住的城市一天天繁荣，满街的豪车，一座座摩天大楼拔地而起，而这些与自己日益“显得”窘迫的生活形成强烈的反差，整个一个“人在囧途”，狼狈不堪，哪趟车也没赶上的他，觉得自己是个失败者。不过虽然如此，这位已经40多岁的同事，并不是校园惨案制造者之流，用消极的方式来对抗社会，他还是用积极地心态在面对生活。老王在日记中激励自己，用“每天做点困难的事”、“每天淘汰你自己”，来“逼”自己要应对，要进步，看得同事们纷纷咂舌，被一种挥之不去的压力笼罩，这些都拜如今的80后所赐。

社会、媒体一直以来，对80后都关爱有加，关于80后生存困境、大学生就业、结婚、蚁族、蜗居的报道很多，社会对80后不乏同情。改革开放30年，60后一直是参与和推动改革的主体力量，但是，进入新世纪以来，80后已经日益成熟，他们不断成长和打拼，已经到了上位和收获的年龄，从经验和心智上，已经具备了走入管理者行列的准备。可以说，如今的大环境，正是80后的最佳机遇期，是80后成为管理者的井喷期。80后必须紧紧抓住当前的机遇，努力营造属于自己的能力标签，不断完善解决问题的能力，才能不被时代所遗忘，从平凡走向光彩照人的第一线。

第二项修炼　80 后管理者面临的挑战

挑战历来是与机遇并存的，走上管理者的岗位对于80后来说是机遇，同时也是挑战，是一次挑战自我的过程。与老一辈管理者相比，80后管理者还存在很多不足，需要更多的迎难而上，直面挑战。

一、与60、70后相比，80后管理者缺乏企业管理的实战经验

有专业调查公司曾对员工的满意度做过调查。结果显示，除对薪酬福利最不满意外，员工对领导力和管理有效性的满意度排倒数第二位。经过30多年的改革开放，我国企业的第一代管理者和领导者大多都五六十岁。他们已经积累了丰富的经验，有着相对成熟的管理方法，并且已经形成了自己的个人魄力与影响力。虽然，如今有越来越多的80后管理者开始走向这个舞台，然而我们仍然有着管理企业的实战经验缺乏，缺乏对新角色的职能准确的认知，不明白作为管理者应该做些什么，管理知识和管理水平不足，做事有时候不够沉稳与冷静等诸多不足与问题的存在！

我曾经听过这样一个真实的故事。

A、B有两家外贸公司一起争取一个西班牙大客户。A公司的主要负责人是一个80后，而B公司的负责人是业界很有名的、经验十分丰富的70后。一开始两家都很积极努力的争取，但A公司为了能够获得该业务，不惜改变原有的合作条件，随着合作条件的渐渐改变，B公司决定毅然撤出了竞争。A公司的负责人很是高兴，没想到自己就这么轻松地打败了对手而获得这么大的一笔订单！然而，由于大部分货款是货到支付且对方又一直拖欠货款，后来又由于经济危机对方公司倒闭，欠款一直没有讨回，这次合作给A公司造成了损失。B公司之所以退出，是因为那个经验丰富的负责人对对方公司进行了详细的了解与评估，觉得这样的付款方式风险太大，因此宁愿错失机会而退了竞争！

智联招聘的调研显示，40.5%的1980—1984年出生的人已经开始进入公司的核心岗位，其中16.3%的人已经担任了公司的中层管理岗位。前程无忧最近一项调查也发现，新晋升和新入职的经理中80后人群占到七成，其中85后又占26%。在岗位的转换中，很多“新领导”却表现出了种种问题，领导力的不足已成为他们做好管理工作的最大障碍。

在我们当中也有一些人是“被升职”，没有做好准备的他们对做领导表现出了很大的不适应：有些人在同龄人中因业绩出色而被提拔为管理者，但面对原来打成一片的同事们却不知如何沟通；有些人害怕做管理者后带来的压力，以前只要做好自己的本职工作就可以了，现在却要为整个团队而操心……种种不适说明年青一代要想成为合格的领导者，

需要进一步提升领导力。坐上管理岗位的80后年青一代，需要认知管理职能，并且对团队工作投入更多精力，才能更好地驾驭自己的未来。

针对80后管理新人从事管理工作出现的种种问题，职场专家指出，公司可以请一些老领导分享他们的管理经验或对新人进行管理类课程的培训，同时还要让新人在实践中进行锻炼。而新的领导者则要对新角色做出适应性调整，对管理工作投入更多的责任心和精力，提高自己的沟通能力。

二、如何建立个人影响力是管理的关键

高调辞职，高调创业，高调为师、高调出书……曾经的职业经理人李开复在短时间内以令人眼花缭乱的组合拳，让人们领教了什么叫影响力，什么叫有备而来。

“我希望有最大的影响力，所以我一路都是朝最大化自己的影响力来走。”谷歌中国前总裁李开复在电视节目中公开表述自己的人生规划时，估计不会有人想到今天的李开复，挥一挥手便干净利落地辞去了谷歌中国总裁的职务，转而从事创新工场的创业当中。还记得当初李开复辞职的时候，对于谷歌CEO埃里克而言，这一切还很难接受，他曾经对李开复表示，“中国有着5000年的历史，谷歌对在中国市场的成功有5000年的耐心”。而李开复却向他表示，辞职是为了“做最好的自己”。

构建个人影响力，就好比把自己打造成一个品牌，一个具有知名度、美誉度、忠诚度等的品牌。也许这将经历很漫长的时间，但是这确实是非常值得的事情！那该如何将自己塑造成有影响力的品牌呢？塑造个人的影响力，并不是只有天才才能掌握的学问，而是每一个普通人都

能掌握。关键就是我们的态度！我们必须要摆正自己的位置，建立自己的威望。

北京时间2011年7月10日，姚明退役。虽然在NBA只有短短9年的职业生涯，但他的影响力却堪比伟大的迈克尔·乔丹。然而，就是这样一位大明星，却在姚基金的工作中，丝毫没有明星架子，无论是基金筹集与管理、希望小学的建设，还是看望希望小学孩子们，他都亲历其为。也正因如此，越来越多的企业家被姚明的行动所感动，被他的个人魅力所影响，捐助善款，帮助更多失学儿童，让更多的孩子们有书读！

姚明的成功，体现了努力和付出，更是一个80后的个人影响力搭建的生动故事。80后管理者可能没有姚明的天分，但是却一样有着在自己领域内的长处，完全可以最大限度地发挥自己的长处，展现自己的魅力，从而构建自己的个人影响力。

很多80后误以为有高学历高能力，就可以服众，就能够统领他人。其实则不然，在管理工作中，尽管80后管理者拥有高学历、接受新事物快、革新力强、思维敏捷等优势，是同龄人中的佼佼者。然后，我们的工作同伴中，还有许多前辈，或者学历与能力不在我们之下的同龄人，这个时候就要发挥个人魅力，使其真正心甘情愿地听从我们发号施令，尽责地完成我们交代下去的任务！

28岁的张饶，凭借着高学历和出色的工作表现，很快就成为了知名食品集团的分公司市场部经理，刚刚就职的时候，她觉得自己是凭真本事升到这个位置的，应该能够很好地胜任这个岗位。然

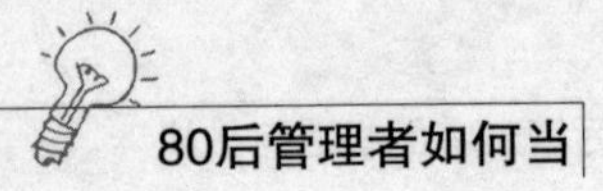

而，在实际的工作中，她发现自己干工作和让别人去干活，是两码事。并不是板着个脸，大声说话就能管理好。作为一个好的管理者，除了工作能力，还要有个人魅力。张饶在管理工作中发现，要想管理别人，就要建立自己的威信。“我是这样改变我和他们的关系的，我先为他们的利益着想，比如节日、生日我都会送上祝福，并申请福利给他们，并且，做难做的工作我第一个冲在前和他们一起解决，渐渐地使得他们对我有了信任感。此外，我答应他们的事情，我一定做到，这样他们答应我的事情他们也会认真去做的，这是相互的!”

正如张饶所言，建立个人的影响力，要从点滴做起，不仅仅是工作的表现，更重要的是个人人格的塑造，保持一个积极乐观的心态，严于律己，认真负责，诚实守信等这些都是帮助增加个人魅力的利器!

当然，除了个人魅力的打造，建立自己独特的工作风格也尤为重要，它会帮助我们80后的管理者脱颖而出。

张莉是一位刚刚毕业几个月的大学生，为一个知名的企业老总做秘书。在她的书桌上，有一张打印工整的“时刻记得提醒老总的20件小事”，包括“提醒老总带好名片；提醒老总开会时间……”朋友一边仔细阅读着上面的文字，一边问她：“你的工作很细致啊，这么细小的事情你都要提醒老总吗?”她笑着回答说：“我想，作为一个下属，应该常常问自己三个问题：领导需要什么？我能做什么？我应该怎么做得更好？写在纸上的这20条，尽管领导从没有要求过我，但领导的做事风格是宏观把握得很好，但对一些小细节比较容易忽视。既然领导有时候需要提醒，那我这个当下属的当然

有这个责任。”

听了她的话，朋友非常感慨。后来，再见到她的时候，她已经不再担任文秘工作，而是成了集团的办公室主任。对张莉能有这样的发展，朋友们一点儿也不觉得奇怪，很显然，张莉细致严谨的工作风格，最大限度地满足了领导的需求，并因此给领导留下了深刻的印象。

综上所述，能够成为管理者的80后，都有一个显著的特点，那就是能够迅速建立自己独特的工作风格及个人魅力，以德服人、以能服人，德才兼备，潜移默化地影响别人，最终建立起自己的独特的个人品牌。

三、如何凝聚团队的人心是首要问题

80后是一群追求自我、特立独行的新生代。虽然展现自我个性有利于自我的表达，然而过了度，就会给自己惹来很多麻烦，尤其是在工作中！

80后的阿熏担任某跨国广告公司的项目主管，工作非常认真负责，也十分有主见。但在工作中，由于过于专权，总是让项目的设计师按照自己的想法去创意，很少听取别人的意见。因此，设计师们都很不喜欢她，渐渐地开始怠慢她所下达的工作，开创意讨论会时，大家也不积极发言，这使得阿熏工作十分被动，一人之能毕竟有限，久而久之，阿熏所负责的项目常常出现状况，以致后来被迫离开了公司！

阿熏一直想不明白，自己到底哪里出了错，自己那么努力的工作，却得不到大家的认可，整个团队都不支持自己的工作。

其实，对于刚入世事的80后管理者来说，很多都曾有过这样的困惑。之所以会发生这样的情况，问题就在于我们过于自我，而没能真正地理解一个团队的意义！

21世纪的今天，个人英雄独唱主角的日子一去不返，凝聚力开始被越来越多的矢志成功的人士所关注，80后的管理者显然对此需要更加领会。拳头攥紧的力量之所以比巴掌的力量大得多，是因为手上的全部力量都凝聚在拳心！一支优秀的团队同样如此，强大的凝聚力，成为团队提高工作效率的制胜法宝。在当今世界残酷竞争中脱颖而出的，只会是那些具有强大凝聚力的团队。那么立足于经济的视角，80后管理者怎样才能把团队中观点散乱的力量敛聚起来呢？

对于80后的管理者来说，关键的一步就是从资源责任的角度来对工作进行分析。公司把哪些资源交给我来照管？要时刻明确自己的管理范围与管理权限。当今的管理大都要对人负责，这就意味着管理者必须要有管理好这些员工的时间。从管理可用时间的角度来思考可以帮助管理者在必要的时候做出必要的决策。为了保持部门工作的进度，哪些任务可以推迟或者取消？把时间作为一种资源来考虑，可以帮助管理者对问题作出反应并采取必要的补救措施。管理者要想对员工进行有效的管理，首先必须知道他们能做什么，都有哪些能力，即了解他们的特长和短处，做到扬长避短。

不同的人的才干学识和个性互不相同，合作起来能取长补短，产生惊人的力量。作为管理者仅凭个人的优点是不足以应付全部外来的困难的，只有把不同的人才结合起来才能发挥出更大的作用，并以此为动力产生更大的经济效益。

在人才流动过程中，经济因素和职权晋升始终占有很大比重，但

80后管理者如果过分强调这一点，就容易产生误导，人为制造内部矛盾，致使团队溃散，残局难收。其实拥有足够凝聚力的80后管理者都会使团队成员清楚：道不同不相为谋，理想不同就谈不上凝聚。管理者通过可行的管理来将员工的价值观和企业的核心价值观统一起来，建立的考核体以“人适其位、人尽其责”为原则，把平等、合作、默契作为团队的理念。

在企业的运行过程中，80后管理者要想在竞争中走向成功，必须组建一个有战斗力的团队。前辈的经验值得借鉴——世界首富比尔·盖茨成功的最大秘诀是什么？答案是：微软有成功的团队。微软公司是一家由聪明人组成管理良好的公司。盖茨很自豪能请来这一群他所能找到最聪慧的人才。他在1992年曾说：微软和其他公司与众不同的特色就是智囊的深度，把他们称作螺旋桨头脑，数字头脑，齿轮转动头脑或工作狂，用脑狂，还是微软狂都可以，盖茨多次说道：“把我们顶尖20个人才挖走，那么我告诉你，微软会变成一家无足轻重的公司。”

索尼董事长盛田昭夫有一个团队建设的方法，那就是定期地走进职工餐厅与职工一起就餐、聊天。他多年来一直保持着这个习惯，以培养员工的合作意识和与他们的良好关系。有一天，盛田昭夫忽然发现一位年轻职工郁郁寡欢，满腹心事，闷头吃饭，谁也不理。于是，盛田昭夫就主动坐在这名员工对面，与他攀谈。几杯酒下肚之后，这个员工终于开口了：“我毕业于东京大学，进入索尼之前，对索尼公司崇拜得发狂。当时，我认为我进入索尼是我一生的最佳选择。但是，现在才发现，我不是在为索尼工作，而是为课长干活。坦率地说，我这位课长是个无能之辈，更可悲的是，我所

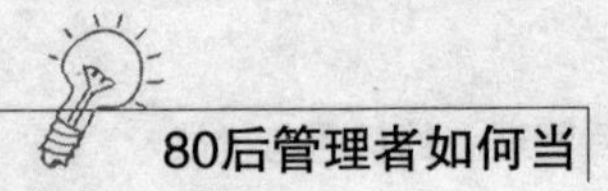

有的行动与建议都得课长批准。我自己的一些小发明与改进，课长不仅不支持，不理解，还挖苦我癞蛤蟆想吃天鹅肉，有野心。对我来说，这名课长就是索尼。我十分泄气，心灰意懒。这就是索尼？这就是我的索尼？我居然来到这种地方！”这番话令盛田昭夫十分震惊，他想，类似的问题在公司内部员工中恐怕不少，管理者应该关心他们的苦恼，了解他们的处境，不能堵塞他们的上进之路，于是产生了改革人事管理制度的想法。

之后，索尼公司开始每周出版一次内部小报，刊登公司各部门的“求人广告”，员工可以自由而秘密地前去应聘，他们的上司无权阻止。另外，索尼原则上每隔两年就让员工掉换一次工作，特别是对于那些精力旺盛，干劲十足的人才，不是让他们被动地等待工作，而是主动地给他们施展才能的机会。在索尼公司实行内部招聘制度以后，有能力的人才大多能找到自己较中意的岗位，而且人力资源部门可以发现那些“流出”人才的上司所存在的问题。整个索尼的团队被激发出了巨大的能量。

四、上下双重检验是夹心层管理者的共性问题

大部分80后管理者作为一个企业的中基层管理者，起到的是一个承上启下的作用，既要传达好上面领导的旨意，完成好领导下达的任务，又要管理好下面的同事，处理好与他们之间的关系，是非常重要的事情！谚语有云，猪八戒照镜子——里外不是人。如果处理不好上下级的关系，那就很有可能成为第二个猪八戒了！

曾有位80后的朋友向我这般诉苦：“你说我做个办公室主任算什么啊，天天抓人家卫生，不抓吧，卫生差了领导扣我钱，还说我无能，抓

吧，同事们又很反感，让他们打扫一下吧，就只是口头答应，后来甚至理都不理，我也曾在例会上批评过某些人，但是领导也批评了我，说我这点小事都管不好，被我批评的同事也对我有了意见，不怎么答理我了！”我们看，虽然这是一件很小的事情，但是如果处理不好，同样会两面受气的！

作为一个中层管理者，要时刻认清楚自己的位置，因为我们的位置是随着境遇的不同而有所改变的！在执行一个项目的时候，所有的人都会听我们的安排，听我们的意见，牢记自己管理者，而不是去求他人做事，这些事情是他们应该做的；当在上司面前听任务的时候，我们就是领导的配角，当然在我们的下属没有完成工作的时候，当我们在训斥你的下属的时候，我们就是一个不讨人喜欢的反面角色。

其实80后管理者作为中层管理者是相对合适和符合管理的发展规律的，因为受年龄和资历的限制，目前的80后管理者多数也都只能是企业中的中层管理者，是企业的夹心层。夹心层管理者面临的问题是多样的，对上要接受上层管理者的检验，对下还要接受被管理者的质疑。与时，接受上下双重检验也就成为了夹心层管理者所面临的共性问题。

老板要什么？这是夹心层管理者需要满足的第一个问题。太多的经验证明，一个企业的老板，总是比他的员工有更多的想法和阅历，也正因为如此，老板想要的很多时候总是超前的、需要创新的，而夹心层的管理者如果不能及时跟上老板的脚步，找到解决问题的具体办法，就会在老板眼中成为鸡肋，检验以失败告终。

员工要什么？这个问题其实很简单。有这样一种观点：高层要的是价值，中层要的是事业，员工要的是物质。一个员工跟着你干，说到底

是希望跟对人、做对事，然后拿到自己的工资和奖金。因为基层员工往往物质上不够富足，需要持续的保证，而中层管理者是这份保证的直接责任人。对于80后的中层管理者，如果跟着你的员工不能得到其应得的利益，难免心生怨念，并且产生不满的情绪，甚至在背后对你指指点点。

作为中层的80后管理者要根据自己的角色，纠正自己的位置。在这里和众多作为中层管理者的80后一起分享几个案例。

有一个小和尚担任撞钟一职，半年下来，觉得无聊至极，“做一天和尚撞一天钟”而已。有一天，主持宣布调他到后院劈柴挑水，原因是他不能胜任撞钟一职。小和尚很不服气地问：“我撞的钟难道不准时、不响亮?”

老主持耐心地告诉他：“你撞的钟虽然很准时、也很响亮，但钟声空泛、疲软，没有感召力。钟声是要唤醒沉迷的众生，因此，撞出的钟声不仅要洪亮，而且要圆润、浑厚、深沉、悠远。”

这个故事给中层管理者角色定位的启示是工作标准的问题。工作标准是员工的行为指南和考核依据，缺乏工作标准，往往会导致我们迷失方向，与公司整体发展方向不统一。时间久了就会容易形成自满情绪，导致工作懈怠。制订工作标准，进行角色定位，要注意可操作性。

还有一个例子：

某军区部队有一位年轻的80后炮兵军官叫曹志，曹志上任后到下属部队视察操练，发现有几个部队操练时有一个共同的情况：在操练中，总有一个士兵自始至终站在大炮的炮筒下，纹丝不动。

经过询问，得到的答案是：操练条例就是这样规定的。

原来，条例因循的是用马拉大炮时代的规则，当时站在炮筒下的士兵的任务是拉住马的缰绳，防止大炮发射后因后坐力产生的距离偏差，减少再次瞄准的时间。现在大炮不再需要这一角色了，但条例没有及时调整，所以就出现了不拉马的士兵，年轻的80后军官曹志的发现使他受到了国防部的表彰。

这个案例给中层管理者角色定位的启示是岗位职责的问题。如果公司像一个庞大的机器，那么每个员工就是一个个零件，只有每个员工都明确自己的岗位职责，才不会产生推诿、扯皮等不良现象，公司的机器才能得以良性运转。

每一个中层管理者背后都有一群人，他们共同组成组织中的一个子部门。这个子部门的所有工作内容，一般都会由中层管理者进行合理的分解、下派，而不可能都由管理者亲自完成。这样，管理者就和下属形成了一个不可分割的整体作业单元。

在人事安排上，作为中层的80后管理者要以员工的优点主导自己的评判意识，避免缺点主导评判的思想；与下属的合作关系上，应该在上述认知的前提下互相尊重、平等相待，尽量避免越俎代庖，学会授权，提倡服务式管理。对待下属的成长方面，80后管理者应该适时地给予员工成长的机会。在工作上，要体现“教”、“引”，以及相互切磋、共同提高的思想及方法。

总而言之，80后的中层管理者要能做下属的教练，同事的战友和上司的谏臣，要能够做企业的建设者，同时时刻准备好接受上下夹心层管理者共同的检验。

五、学习管理的技术，提升领导的艺术

知名咨询公司麦肯锡公司的一项调查表明：有的公司能保持持续发展和改革，达到更高的业绩，关键的因素不在于高级管理者，而在于一批具有改革才能的中层管理者和专业人才，而在如今的经济环境中，这部分中层管理者大多都是80后管理者。由此可见，80后管理人员在企业中起中流砥柱的作用，他们不同于一般员工，他们的素质高低，在很大程度上影响一般员工的职业行为，甚至关系到企业发展的成败，因此对中层管理者的素质，要有更高层次的特殊的要求。因此，想要成为一名合格的管理者，必须具备两个基本能力，即管理与领导！

我们要清楚管理和领导是两个完全不同的概念。管理是由计划、组织、指挥、协调及控制等职能为要素组成的活动过程。而领导是为实现组织的目标而运用权力向其下属施加影响力的一种行为或行为过程。通俗地讲管理的关键在于组织与协调，而领导是借助于权力与个人影响力与指挥他人的行为！

管理更多地强调的是一种程序化和稳定性，所以管理总是围绕计划、组织、指导、监督和控制这几个要素来完成。管理需要的是一种技术，一种科学的方法！首先要学会制订目标，这样工作才会有一个比较明确的方向。其次管理者要有统筹与协调的能力，才能够合理地分配工作，有效的组织被管理者去执行规划；管理者也要有监管与控制的意识，制订相应的检查指标并及时检查工作，如若发现错误应该及时正确的纠正！

此外，管理的方式或模式会随环境变化，管理的方法也要随之调整和改变，或者要让更有效果的达成目标，要有所创造性，但这种创造性

也是建立在技术和科学之上的，也就是说，只是让流程更有效或制度更有效。作为一个管理者，还要有超前意识，即想到可能发生的突发情况与解决方案！总之，一个好的管理者，应该有计划、有方法、有协调、有预见的能力！

而领导这个职能，由于富有人格色彩，因此具备艺术性的特点。领导，它是管理者对别人的一种影响，当这种影响大到足以引导这个团队时，管理者也就具备领导者的境界了。这种影响，可能是地位或职位带来的，但更多的应是个人的魅力和感召力带来的。简单地说，管理者对团队的影响，那是种在制度控制下的被动跟随；而领导者对团队的影响，那是种超越制度下的自动的追随。

领导不是简单的发号施令，而是要学会如何调动大家的积极性与自发性！美国历史上威望最高的罗斯福总统认为："一位最佳的领导者是一位知人善任者。而在下属甘心从事其职务时，领导者要有约束力量，切不可插手干涉他们。"同样身为总统的理查德·尼克松说："我有一个原则，就是拒绝作别人可以作的决定。领导者的第一条原则就是只作该作的大决定，不要把自己搞得琐事缠身，不要把自己变成问题。"GE总裁小阿尔弗雷德·斯隆的原则是："去让别人开动脑筋，自觉地积极行动，并做到彼此精诚合作。"一个好的领导者要学会指挥别人做事，而不是亲力亲为，要信任下属，挖掘他们的潜能，巧妙地激发他们的能动力。我们要时刻牢记自己是一个组织者、指挥者与管控者！

第二部分

80后管理者的自我管理

俗话说，己所不欲，勿施于人！管理也是一样，必须是先管好自己，然后再去管理别人。管理工作更多地强调“理”，而不是“管”。管理者除了管制别人，更重要的有着带头作用，是被管理者的楷模、标杆与榜样。作为管理者的我们是企业的核心成员，我们的一言一行将直接影响员工的思行、工作情绪与工作态度！如果我们自己的事情都没有做好，又有什么资格去要求别人把事情做好！如果你自己都不能严格按照规章制度行事，又怎能叫他人服从呢！

海尔总裁张瑞敏，曾在当代国际上最著名的管理学家德鲁克的代表之作《卓有成效的管理者》的序言中写道：“看德鲁克的书是一种享受，因为常常使人有茅塞顿开之感。”从某一方面来说，阅读《卓有成效的管理者》，则可以使人自省、自警、自励。管理工作在很大程度上是要身体力行的，如果管理者不懂得如何在自己的工作中做到卓有成效，就会给其他人树立错误的榜样。一个人最难的，莫过于正确地认识和管理自己，并找到对自我的最佳认知。

第三项修炼　管理职能认知与角色转变

在我们所熟悉的管理学理念中，尽管人或人力资源的重要性很被看重，但它向来强调的是管理“别人”，而不是自己。

那么在管理自我之前，应该先弄清楚自己处于怎样的位置，在企业中扮演着怎样的角色，知道自己要干什么、该干什么，什么不能干、不该干。当然，在一个企业里，我们可能同时扮演着多个角色，有时候是一个领导者，有时候是一个服从者，这种角色上的转变包含了从管事到管人，从发现问题到推动解决问题，从自己做事到让别人做事很多领域的转换，这是80后管理者的职能认知和角色转变。职能认知，是为了更好地管理自己。角色转变，是摸索总结出适合自己的管理方式和行为方式。初为管理者的80后，首先需要解决的问题即是对于管理者职能的认知及尽快实现角色的转变。

一、找到自己的椅子——管理角色与职能认知

作为中层管理者，应该具备哪些能力呢？

中层管理者不同于一般员工，其具备的能力更要全面、更要突出。角色认知能力、目标管理能力、时间管理能力、压力管理能力、决策管

理能力、沟通表达能力、授权协作能力、影响激励能力、培养引导能力、学习创新能力、团队管理能力、执行贯彻能力以及组织协调能力等，这些都是一名中层管理者应当具备的基本技能。

能力的培养与实际的工作是紧密相关的，很多作为中层的80后管理者在自己的身上和管理工作中确确实实也出现了一些不可忽视的问题：为什么时间总是不够用，虽然加班加点，可任务的完成却不是非常理想呢？为什么已经勤奋地专注于工作本身，可是成效却不大呢？为什么自己总是忙得焦头烂额，而团队的成绩却不是非常突出呢？为什么事务好像没有终结的一天，工作越积越多感觉总是在疲于奔命？为什么想要大幅提升自己的价值贡献，却没有寻找到有效的突破口？

而管理学带给我们最简单的答案，是先认识自己。而认识自己，作为中层的80后管理者，应该满足以下六个方面的管理角色定位。

1. 三承三启

即承上启下、承前启后、承点启面。和以往企业中层最大的改变是，现在的80后中层管理人员不再是简单信息上传下达的“传声筒”，还要把上下游的信息放在企业发展的全盘考虑中。

2. 业务专业带头人

这一点和传统中层的概念区分不太大，但强化了80后中层在普通员工中的表率作用。也就是说，80后中层管理者不应该是空降兵，而应该是将业务熟练掌握于心的技术达人。只有在业务能力上过关，在管理的时候基层员工才会更加信服。

3. 业务技能辅导者

在传统企业中层干部工作环节中“计划”“组织”“协调”“控制”四项主要职能的基础上，“新中层”除此之外还要求对工作环节和员工

行为起到辅导作用，如果员工是开车的新手，那中层要在其中起到“教练”的角色。

4. 下属心态建设者

调查显示，绝大多数员工都会受主管领导的情绪影响，比如主管领导赞扬公司，基层员工就会觉得公司确实不错；主管领导每天抱怨公司，基层员工就会觉得公司真的很差。

5. 下属行为建设者

在以上几点中，企业中层干部要做好普通员工的制度化管理。正像中层管理者会影响下属的心态一样，同样的，一个每天消极怠工的主管领导，造成的恶劣影响也必然是跟着他的员工都消极异常，甚至产生群体离职的行为结果。

6. 团队项目发展的策略建设者

积极献言献策，做项目发展的策略建设者，做企业发展的战略建设者，这对于80后中层管理者来说的确是个挑战，然而，这恰恰是能够发挥我们的长项，展现我们创新最佳舞台。能够为项目的发展贡献别具匠心同时又收益颇大的见地，是每一个中层管理者义不容辞的责任，也是其努力奋斗的方向。

二、从专才到管理者，淡定面对角色转化的适应期

根据大量的企业管理人员调查发现，中国企业大部分的基层主管都是从各专业职能口出身，如销售、市场、生产、研发、服务、财物等，在某个职能岗位做得不错，拥有了较强的岗位专业能力，从而被提拔成为管理者。

虽然这些新晋管理者拥有比较强的职能专业背景，但很多人非常苦

恼，他们发现自己往日作为旁观者感觉简单的管理工作并不像自己原来认为的那样简单：刚刚走上管理岗位，角色很难转换，过度关注技术细节；认真帮助下属可是他们并不买账；凡事亲力亲为，忙得焦头烂额，可是上司却嫌效率太低；希望下属多提意见，可是他们却什么都不说，不愿意承担责任；上司让制订工作计划，可却无从下手；不知道如何分派工作，不知道如何领导团队，更不知道如何确保团队不出差错……所有这些问题，最终导致苦恼的新晋管理者疲惫不堪，同时还不能有效达到整体目标。

其实，这是很正常的现象！所谓专才，就是专注于某一方的人才，而管理者则需要的是关注更多的方面，甚至统筹全局！从组织工作到管理人员，方方面面都需要我们去耗费心思。从专才到管理者，它不仅仅是一个职位与智能的改变，更是一种思维的转变！人的思维模式是可以改变的，但是这种转变需要一定时间的过渡期，每个人都会如此！所以发生了上述的问题，我们不要慌张，更不能怀疑自己的能力，而是要沉静下来，保持一个好的心态、开放的心态，去适应、去学习。

Candy 2007 年毕业后就职本专业，并一直在一家电子科技公司从事软件开发！一个很偶然的机会，由于部门的主管辞职了，他又是这个部门资历最深的，于是被提升为主管！虽然升职加薪，但 Candy 刚开始还有点恐慌，觉得自己只会编程，哪里会管理的工作！他也曾和领导谈过希望可以换别人，领导坚持原先的决定！后来，回想起来，Candy 很庆幸领导没有换人，让自己失去这个挖掘自己潜能的机会！Candy 上任后，发现工作其实并没有太大的改

变。由于自己在技术方面很专业，在这一方面他并没有觉得很吃力！为了做好人事方面的管理与工作的合理安排，Candy利用工作之余也会看一下管理方面的书籍，改善过去管理方面的不足。即使当了主管，Candy依旧平易待人，主动和同事们沟通，与同事之间的关系处理得很好，大家也很支持Candy的工作！

其实，由专才到管理并不是难事，关键就是心态！俗话说兵来将挡，水来土掩！只要有信心，并为之努力，角色转换的过程所遇到的问题都会迎刃而解，遇到问题解决问题，在这个过程中我们也在慢慢地成长，更好地适应新的角色！

张海清是某集团公司唯一的80后小组长，据测算，仅最近5年她就完成工时33000点，5年干了22年的工作。2012年年初，凭借着出色的工作业绩，张海清被提拔为第一车间主任，开始从工人向管理者转型。

张海清上任后发现，由于车工与磨工生产能力不平衡，导致车间完成任务量上不去。于是她决定，抽出几名车工干完活后，到磨床组跟班学习磨工技能。由于这些工人积极性高，肯钻研，不到半个月，他们就掌握了操作技能，单面手便成了双面手。磨工多了，但由于专用磨床是借用外车间的，两个车间在使用时间上经常“撞车”，影响生产进度。于是她又作了一个决定：磨工分两班倒班干活，白班见缝插针干，夜班抓紧干。张海清的两招巧安排解决了车工与磨工不平衡的问题。2012年3月，车间完成产值51万元，比上月翻了一番。

从专才到管理者，张海清完成了一次华丽的转型。从她的事迹里我们不难发现，管理是一门科学，更是一门艺术，每个人都可以说很多的管理方法，就像世界上没有相同的两片树叶一样，去拷贝别人的管理经验和方法，更没有包治百病的管理膏药。只有和实际的业务相结合的管理才可能是最好的管理，一切看结果，有效才是硬道理。

有些80后管理者，误以为只要自己一定要处处都比手下的人优秀，就能管理好一个团队。其实这恰恰误解了管理的意义！管理与专才不一样，需要对一事物专注，它更多是要领导别人，调动别人的积极性，即使才不如人，但是要调动起所有人的积极性，能让那些比我们优秀的人为我们工作，那才是优秀的管理者！就像刘备，自己并不一定特别强大，但手下的弟兄一定各个独当一面。写程序不允许别人超过，但管理企业恰恰相反，一定要有让下属超过的心理准备。所以，当我们由专才向管理转型时，一定要清楚这一点，即使自己技不如人，也要充满自信，底气十足！

三、改变思维——从“我是牛人”到“培养牛人”

松下幸之助曾说，“一个主管要懂得去欣赏自己的下属，应该以70%的眼光去看待员工的优点；以30%的眼光去看待员工的缺点。”一个主管应该同时关注员工的优点与不足，正如清代思想家魏源所说：“不知人之短，不知人之长，不知人长中之短，不知人短中之长，则不可以用人，不可以教人。”我们不妨在阳光下看人，而不是站在阴暗的角落里去看人。

企业选择一名管理者的时候，往往将他的专业能力、管理能力、协调能力等自身水平作为主要的评价标准，但容易忽略管理者对企业最大

的贡献之一——培养下属。战争中，一个出色的指挥官不但要懂得“用兵”，更需要懂得如何“养兵”，有了“养兵千日”才会有“用兵一时”。同样，在企业中，管理者取得的成绩是对企业的现实回报，而为企业培养出优秀的人才，才是对企业长久发展所作出的最大贡献，也是管理者更大的成就感。

什么是领导？有朋友对我说：“领导”就是“能够让反对你的人理解你，让理解你的人支持你，让支持你的人忠诚你，让忠诚你的人追随你”的人。这个定义对80后管理者有一定的难度，但确是80后管理者应该追求的方向。那么，以这个定位为标杆，80后管理者又该如何成为这样的领导呢？答案就是做一名老师，会培养下属。

我们不妨设想一下，如果从人性和领导学角度看毛泽东与蒋介石，毛泽东赢在哪里？历史不可假设。但我以为，毛泽东的胜利，从领导力的角度看，是能够成就下属，能够培养下属。毛泽东一生都在奖励下属、提拔下属、成就下属。我曾问过一些老干部：毛泽东在你们心中的形象是什么？他们几乎都想到了一个职业：老师、导师。毛泽东是老师。老师的责任是帮助学生成长、成功；老师对自己学生的成长和成功是没有嫉妒、没有功利的，因而是伟大的。

有很多企业的基层和中层管理者问我：我如何才能得到更大的舞台，实现自我价值？他们都是80后，作为咨询及培训顾问，我的回答就是：先让自己成为骨干，然后再培养更多的骨干。让更多的人能够为组织创造价值，你得到提升的概率自然也大了。因为从组织本身讲，一大批骨干的成长是组织竞争力之所在，所以，培养骨干是对组织最大的贡献。

某知名品牌化妆品公司的某企划部门，连续三年被评为优秀部门，他这个部门有个年轻且行事独特的部长，对待下属宽松又严苛！说他宽松，是因为事无大小，都会先交给下属去做，说他严苛，对下属要求非常高，一个方案可能被改动好几次，直到他满意为止。虽然，在他手下工作非常辛苦，但是很奇怪的是该部门的人员却非常稳定，而且工作都很积极。后来与该部门的人员交谈后才明白是为什么！该部门的同事都表示：邸部长虽然比较严苛，但是却很给我们机会，也愿意指正我们的错误，让我们把事情做得更好，我们进步很快；如果我们工作作出成绩，部长也会向上汇报申请加赏我们。部长曾经笑谈说，希望我们部门的人将来出去都能够独当一面！俗话说，强将手下无弱兵，我们部长这么年轻有为，我们也不能给他丢脸，他肯给我们机会，我们就要好好珍惜机会，努力工作！

孔子讲，君子要“己欲达达人，己欲立立人”。意思是说，你要实现一种欲望，就要先帮助别人实现；你要达到一个目标，就要先帮助别人达到他的目标。80后管理者的任务之一，就是培养下属，也包括培养自己。培养下属是实现自己梦想中不可或缺的一个台阶。

国内知名的一家房地产开发服务公司的二线城市级分公司聘请了一位80后的总经理，这位总经理叫张昭。张昭总经理对下属不信任，形成公司事无巨细都要经过他审批后才能够执行，有时公司的中层干部，因为为公司购买了10元的物品还要挨张昭的批评且不报销，公司开发的写字楼内的马桶、外墙砖等没有张昭的批准便不能够施工，使工期延误近一年的时间。张昭的管理方式大大挫伤了副总以下领导的工作积极性，最后，副总要带领一些下属提出集体辞职。最后，集团公司董事会采取特殊方式罢免了张昭，随着这位80后总经理的下课，这场风波才得以平息。

从上面的例子我们不难发现，自己优秀还不够，一个领导者必须是会带队伍的人。国际航空公司总裁李家祥曾当过兵，他说，领导要学会培育方方面面的人才。李家祥甚至认为，培育人才比选拔人才更重要。如何培养好自己的员工队伍是关系到企业发展和管理、产品、服务质量等问题的关键。培养人才不仅仅包括培养管理人才、技术人才，而且包括培养企业所有员工，只有培养好企业内的每个员工，才能充分提高企业的竞争力。

英国曼联足球队是世界足坛上的一颗明星。打造这颗明星的是苏格兰人弗格森。自从弗格森1986年首次接管曼联队，他就意识到需要一个有效地培养后备力量的计划。他说："我们必须警惕，那些正在球场上的队员会逐渐衰老，这是我们不可克服的，但是我们需要花费足够的心思来挑选那些符合条件、拥有过硬素质并执著坚持要加入到一线队伍固定位置的年轻力量。"他明确表示，"我管理一个球队的目标是为一个俱乐部将来几年甚至几十年的成功打下基础。昙花一现的成功永远满足不了我。"接着，他就着手为俱乐部在未来几年甚至是几十年中取得成功打基础。他重新建立了人才甄别体系，并将其融入到全面、结构化的青年队伍政策中。正是在这样的政策下，诞生了吉格斯、内维尔兄弟、斯科尔斯和大卫·贝克汉姆。从1986—2007年，曼联队在弗格森的带领下共获得包括英超、足总杯、联赛杯、欧洲杯、欧洲优胜者杯、超级杯、俱乐

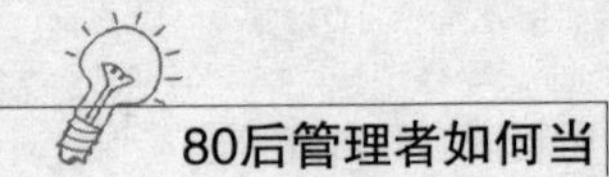

部世界杯（丰田杯）等在内的总共18座冠军奖杯。1999年6月，他因率领曼联队在1998—1999赛季取得历史性成绩——三冠王而被英国女王授予爵士头衔。同年12月，他被法国《世界足球》杂志评为当年世界最佳足球教练。2000年12月，弗格森被英国广播公司授予“终生成就奖”。弗格森用行动诠释并印证了一种管理理念：人们不会关心你知道什么，他们只知道你关心了什么。他用心展现了自己的领导才能，并且贯彻了自己的理念：持续培养优秀人才，让整个团队不断向前。

选人、用人、育人、留人，是管理者必备的人力资源管理技能，这些对80后管理者也不例外，而“育人”往往是最难做到的，它是经过长期的过程，在管理者和下属的共同努力下而获得的成果。“没有带不好的兵，只有带不好兵的将军”，在培养下属的过程中，下属的自身素质和学习态度固然重要，80后的管理者但作为企业的中层，端正培养下属的态度，提升培养下属的水平才是更为重要的。

作为80后管理者，首先应该认识到培养下属是做好本职工作的必要条件，很难想象一个部门或公司的所有工作都依靠一个领导者的能力和智慧。将下属培养成骨干，是管理者能力的体现，也是团队能力的体现，优秀的管理者往往拥有优秀的下属，而优秀的下属恰恰是优秀的管理者悉心培养的。不要担心下属的能力超过自己，因为培养下属的过程中，管理者也在不断提升。

选、用、育、留人，培养下属往往在选人时和用人的过程中就有了方向和方法，个人特点不同，接受程度不同，这也决定了管理者在培养过程中采用的方法不同，善于沟通的下属，要多采取培训的方式；善于

思考的下属，要多采取课题研究的方式；善于创新的下属，要多采取引导式的培训方式，总之，要利用下属的自身特点创造培养模式，切忌“大锅烩”的培养方式。

每一个管理者都希望自己的下属学习能力接受能力强，但下属的生活背景、职业规划、知识能力都不尽相同，表现出的学习意愿和兴趣点也不同，这就需要管理者能够从下属的内心感受和职业需求入手，以下属的知识结构和性格特点为依据，寻找出适合的培训课题和模式。

没有哪个下属甘于平庸，每个人内心深处都有上进和发展的需求，只要管理者能够挖掘出下属的本质需求，进而寻找到满足这种需求的学习课题，并不断地为下属进行职业生涯的规划，使下属认识到可以通过培养达到自身的发展，下属自然会配合管理者的培养，起到事半功倍的效果。

适时授权，是在适当的时间中，适当的工作上对下属进行授权，下属可以通过充分的授权，得到锻炼的机会，而管理者也可以通过授权来最大限度地发挥下属的工作能力，是一条双赢的策略。许多管理者在某一项具体的工作上，总是害怕下属做不好，或者认为有教下属做的时间，自己早就做完了，往往不敢放权，事必躬亲，不但会造成自身工作的主次不分，也会让下属形成依赖感，缺乏独立思考和办事的能力。授权下属也不是任何工作都可以授权，重要的、紧急的，仍须管理者把握工作方向，亲自来做，而当有锻炼机会时，要及时授权，阐明责任，让下属能在一个自由、权责明晰的空间内最大限度地发挥自己的能力。

培养好自己的下属，也要懂得如何激励下属，知晓激励下属的技巧。比如如何去肯定下属工作的价值，找到下属工作中的闪光点，让下属能够直接向上级领导展示工作成果，等等，以此激发下属内在的主观能动性。每个人都希望得到别人的重视，每个人都希望得到别人的赞扬，下属的工作成果，更多的时候要去表扬，要去鼓励。对下属的激励一定要抓住重点，切忌在工作中“和稀泥”、做“老好人”，因此，管理者的赞扬、微笑必须设定一个标准，站在公平的立场上去让下属知悉工作的方向、工作的使命。

四、调整行为——从“自己做”到“带领别人做”

培养下属的方式很多，可以通过培训、帮带、研讨等许多方式进行，但最为有效的、最核心的方式还是实践。80 后管理者不妨想想，自己的成长是否是通过扎扎实实的努力才得到了回报，而当一个管理者从“自己做”向着“带领别人做”转变的时候，企业才能最大程度的受益。

在带领别人做的实践培养过程中，管理者要表现出充分的信任，这种信任一方面会提升下属的自信心和积极性，另一方面也有利于下属充分理解管理者的工作意图，更加高效、高质量地完成工作。管理者在安排工作中，要让下属全面地了解工作的目的和全局，明确交代下属的工作在整个工作任务中的重要性，明晰权责并提出自己的指导建议，这样才能使下属的积极性发挥出来，也使下属能为工作任务的完成提出自己更多的想法和认识。

对下属的批评也是管理者的有效手段，但批评必须是善意的，无论批评的方式如何，其出发点一定是下属在工作中出现了错误，或者能力上存在差距；其手段一定是客观公正、就事论事的剖析问题的原因；而其目的一定是促使下属能够真正认识到错误，明确改正错误的方式，进而不断成长。

许多管理者在培养下属时，习惯性地采取告知的方式，即在布置工作时，告诉下属第一步该怎么做，第二步该怎么做，最后得到一个什么样的工作成果，固然能够促使下属顺利完成本项工作，而往往忽略了工作思路形成的思维逻辑，才是下属在独立进行工作时的根本需要。

“授人以鱼，不如授人以渔，授人以鱼只救一时之急，授人以渔则可解一生之需。”管理者在培养下属的过程中，不但要告诉下属怎么做，更重要的是让下属理解为什么这样做，其思维逻辑和核心理念是什么，再遇到类似工作可以从哪入手，如何更好地完成任务。只有将工作上的思维方式交给下属，才能养成下属独立思考的能力，在遇到问题时可以触类旁通，举一反三地完成工作思路，进而找到更好的解决方式。

德鲁克对管理的经典定义：“管理就是界定企业的使命，并激励和组织人力资源来实现这个使命。”“管理企业、管理管理者、管理员工和工作”是管理者的三大任务，要使普通个体变成能为企业持续作出贡献的人力资源，要把普通工作者变成管理者，这都需要一个转化的过程，实施这个转化过程就是要通过教育培养。

在这里给大家分享一个经典的管理学故事，他就发生在我们身边。有这样5名年轻人，他们每人都只有3万元，但是他们决心“养育”出中国汉化翻译软件市场的领头羊，这里面有一个带头人，他就是何恩培。1997年10月18日，何恩培和他的合作伙伴抱

着这样的信念在北京中关村的一间地下室里开始了创业，他们成立的公司叫北京铭泰科技公司。2004 年 1 月 9 日，交大铭泰（北京）信息技术公司在香港创业板成功上市。之后的 7 年，为适应客户和市场的需求，何恩培和他的公司不断调整业务方向和公司理念，公司名称也因资本的介入而几次变化。有人批评何恩培和他企业总在“变脸”。何恩培却认为，正是由于不断地自我否定和创新，才使得公司有今日的成就。“我小学的时候想当飞行员，初中、高中想当老师，大学一年级想当科学家，毕业后想当一个企业家。”何恩培坦率地说，他自己的理想也随着岁月的延伸而不断改变。

今日的交大铭泰早已经搬到北京东方广场的交大铭泰，拥有 1000 平方米的办公区。目前，交大铭泰主要有三大股东，一个是公司总裁何恩培为首的创业者团队，约持有 30% 的股份；二是上海交通大学，占据 20% 的市场股份；三是香港实达和实达集团，占据 40% 的股份，为交大铭泰最大的股东。一方面在企业每次融资中不断稀释自己的股份，另一方面却是一直在融资后的公司中拥有绝对的话语权，像何恩培这样在资本市场长袖善舞的创业者太少了。

作为一个企业的领导者，何恩培立志使交大铭泰成为翻译行业的联想和戴尔，到 2011 年年底，交大铭泰已经做到了销售额超过 10 亿元。他说：“我最大的成就感就是带领别人去成功。我不希望是做一件具体的事情而成功，而是希望我能帮助他们搭平台，协助他们成功。”

每个人都渴望得到别人的尊重，作为经理，更渴望得到自己下属的尊重，这样可以让自己很有面子。有这种想法，可以理解。但是作为一位经理更要明白：只有尊重自己的员工，才能赢得员工的尊重。尊重是

相互的，尊重是发自内心的，并不是因为自己是经理，员工就理所当然地应该对自己尊重。

不要把员工对自己有不同意见，就当做员工对自己的不尊重，人与人存在分歧是再正常不过的事情，只要大家能把不同意见摆在面上，都能坦诚地陈述自己的理由，那就能减少分歧，减少误解。坦诚相待是赢得别人尊重的前提，如果你总是想以自己的职位和权力压制员工的意见，那你就永远不能获得员工的尊重。

领导的作用非常的重要，既要起一个带头的作用，也要安排好下属的工作。这是每一个领导人必须做的事情。“世界第一 CEO”杰克·韦尔奇曾说过：“我的主要工作是培养人才。我就像一个园丁，给公司750 名高层管理人员浇水施肥。”一个管理者不仅要对企业、上级承担责任，也要对自己的下级承担责任，指导他们完成任务、帮助他们成长，这是一个管理者能够为下属所做的最好的事情，也是管理者的职责和荣耀！

五、增强表率意识，提高表率能力

前程无忧对“2011 中国最佳人力资源典范企业”榜单上榜企业调查的结果显示，近 200 家受调查企业表示，从员工角度考虑，管理者的表率对员工激励有重大意义。对 13000 多名参加“最具人气雇主”投票的在职人员调查显示，员工对管理者有较高的期望值，希望管理者具备应有的专业水平，并具有较强的人格吸引力等。92% 的人表示，上司的敬业与勤勉“对自己的激励最大”。因此，80 后管理者不妨锻造自己的个人魅力，靠影响力进行激励，令员工“主动”地去做必须做的事。

每个人天生都有极强的模仿力，近朱者赤，近墨者黑，说的就是环

境育人也造人这个道理。一个管理不了自己的上司，如何管理别人？一个每天上班不守时的上司，下属会守时吗？一个下班逛街泡吧看连续剧，书都不翻一下的上司，下属会热爱学习、追求进步吗？一个上班常打私人电话、上网聊天的上司，下属会集中精神、全力以赴工作吗？一个背后说客户坏话、算计客户的上司，你能要求下属心正意诚、以客为先吗？

相反地：一个刮风下雨、雷打不动准时上班的上司，他的下属很少敢迟到早退。一个天天学习、不断进取的上司，他的下属不更努力，很快就会被淘汰。一个严于律己的上司，他的下属也不敢造次。一个对客户毕恭毕敬、真诚服务的上司，他的下属如何敢傲慢滑头？一个管理好自己的人，他的部门不用怎么管理，下属都很自觉。一个管理不好自己的人，他的部门怎么管也管不动，上梁不正下梁歪。

企业的管理者直接面对广大员工，接触机会多，影响面广，他们的一举一动在员工眼中就是榜样，就是模范，就是效仿的对象。正如我们以前所说的“大海航行靠舵手”，每个管理者对于他所带领的一帮人来说，是一面旗帜，是一个风向标。管理者狠抓节能降耗，减污增效，重视修旧利废，必然能带出一支节约型队伍；管理者急员工所急，想员工所想，必然能带出一支具有积极向心力的团结型队伍；管理者志存高远、追求卓越，必然能带动整个企业团队发奋图强，勇创辉煌。而办事拖拉、推诿扯皮的管理者必然带出一支一盘散沙型的队伍。

电视剧《亮剑》中，李云龙痞将一个，却带出了一支无论剑指何处，均所向披靡，攻无不克、战无不胜的英雄团队，李云龙的亮剑精神是对发挥管理者表率作用的最好诠释。如果把一家企业比喻为一列火车，那么，这个企业的管理团队就是火车头了。“火车跑得快，全靠车

头带”这句话，形象的比喻了管理团队对企业的未来与发展起着至关重要的作用。而公司下属的每个部门的第一负责人就是火车头机组的重要成员之一，当然经理与主管这些中、基层管理干部的作用也不容忽视，他们是联系公司与员工的桥梁与纽带，一家快速发展的企业需要强而有力的管理团队。

管理团队直接影响着企业的发展。能跨上马背的不一定就是骑手，但能驾驭性情凶猛的野马、而且还能把野马驯导为驰骋疆场良驹的人，一定是一名优秀的骑手。所以，如果只会管理言听计从的员工，算不上称职的80后管理者，但如果能把顽固不化的“懒兵”或“弱兵”训导为所向披靡的“强兵”的80后管理者，则一定称得上是优秀的干部。

1985年出生的李良华是全国最大的水泥生产企业海螺水泥装运分厂制成工段的一名维修班长，自2008年6月进入海螺荣幸成为一名海螺员工，抛弃原来国有企业干好干坏一个样的固定思维，李良华将自己完全置身于海螺这个大家庭，为自己能参与海螺蒸蒸日上的建设事业而感到骄傲。

李良华进入公司以来，严格遵守公司、分厂规定的各项规章制度，持之以恒地加强业务知识学习，在学习中不断积累经验，增强为海螺服务的本领，在工作上，以身作则，严格要求自己。与此同时，李良华认为个人的力量是有限的，只有发动全班人员力量才是无限的，他狠抓班组工作，处处以身作则，定期对维修人员开展安全活动学习和技能培训，根据个人技能高低，合理分工，明确责任，考核各自业绩好坏，实行奖优罚劣，同时将自己也纳入了考核，与基层员工一样接受罚款。李良华鼓励先进，鞭策后进，同时

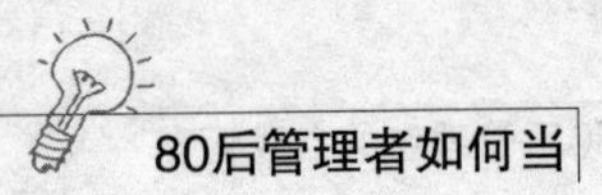

以身作则，发挥表率作用，大大提高了维修人员的工作积极性。

2010年6月，工作满两年的李良华升为了车间副主任，作为一名80后管理者，他继续坚持带头作用，仍然和工人一起奋战在水泥生产一线。

看完了李良华的故事，我们再看一个外国电影中的例子。喜欢看电影的人士，一定都不会错过《巴顿将军》这部影片，巴顿被誉为美国第二次世界大战时期的“血胆将军”。巴顿之所以能赢得这一美誉，因为巴顿个人形象与严厉的军纪、军威在部队官兵中所起到的作用与影响。

1943年英美盟军在北非遭到绰号叫“沙漠之狐”隆美尔元帅率领的德军反击，展开了一场大规模的战斗，结果美军遭到惨败，陷入了困境，很多美军开始讨厌战争，无心恋战。为了扭转战场形势，重振美军力量，美国当局派乔治·巴顿将军前往第二特种部队任司令官。

年逾50的巴顿，雄心勃勃，一上任就整顿军纪，命令伙房必须准时开饭，官兵服饰整齐，不准女人裸体画带进军营，还制订了极严格的训练计划。经过雷厉风行的整顿，巴顿部下的官兵们，一扫悲观畏战的情绪，成为一支纪律严明、斗志昂扬、骁勇善战的部队。不久，巴顿率领第二特种部队，与德军隆美尔的军团进行了激烈的战斗，德军大败。巴顿部队乘胜追击，最后把残兵败将赶出了非洲战场。而在以后的多场战役里，巴顿领导的部队，都取得了傲人的战绩，巴顿在美国战争史上，可以说是“战功赫赫”。

所以，要打好一场胜仗，将军的军威发挥得如何？士兵的士气是否高涨？是每一场战争成败的关键。如果巴顿没有扭转战局的信力与勇气，没有必胜的信念，没有身先士卒，以身作则的大将风范，美军的危机局势是很难扭转的，更不要说取得决定性的胜利了。

指挥军队尚且如此，而管理一个企业、一个团队更是如此了。那些作为企业管理干部的80后，如果缺乏对企业应有的责任感、没有独当一面的信心与勇气，见困难就躲、见危险就逃，那么，这样没有表率作用的80后管理者是绝对带不出一个优秀的团队的。当企业老板对他失望的时候，80后管理者自己也已经丧失了全部的信心，这时80后管理者自己的管理权威与人格早已荡然无存。

第四项修炼 学会承担，培养事业心和责任感

世界上有一种东西叫事业。事业可以使人全身心投入，如痴如醉，生活是充实的，幸福的，人生是有价值的。人最可怕的不是没有钱财，没有地位，而是没有事业，没有事业心。事业无贵贱之分，不论是政治家的经天纬地，还是田舍翁的春种秋收，只要能造福人类，奉献社会，完美生活，有益身心，都可称为事业。所谓成功者，无非在事业上投入多，收获大的人。

如今的80后，做任何事情都需要有动力，80后的管理者尤其如此。动力越大，事情就越容易成功，事业心就是成功的最大“动力源”。事业心能充分调动人的潜能。许多人可能都有这样的体会，一旦全力投身于事业中，自己的智慧、勇气、胆识等，就能被最大限度地调动出来，身心状态就和平时判若两人。据杨振宁先生回忆，20世纪50年代初，在赢得诺贝尔物理奖的那个著名实验的关键阶段，他和同行们一进实验室，就有用不完的劲，精力充沛，不知疲倦，几天几夜不睡觉，几个星期不出实验室，是常有的事。这是老一辈人的表率，值得每一个80后管理者学习。

事业的根是苦的，花是香的，果是甜的。那些视事业重如山、看名

利淡如水的人，是令人羡慕、让人敬重，更值得我们效仿。事业心是承担的刚性理由，为了事业，没有什么是不可以承担的。责任感是承担的理性理由，既然追求责任感，有什么不能承担的？

一、别把工作和生活分得那么清楚

当被问及为什么要工作时，多数人都会回答说，工作是为了挣钱，为了生活，因为我们的生活需要工作，要不就没有工资，没有工作就不能满足自身吃喝穿衣，尽为人父母养育子女或尽为人子女赡养父母的责任。没有工作就无法实现我们的生活基本要求。但是如果仅仅把工作看做是为了生活的话，那么工作就成了生活以外的东西，那就是为了生活我不得不工作，这样工作就成了苦役，我们于是整天抱怨自己找不到一份挣钱多而劳作轻松的工作，苦恼自己命运不济，埋怨上天不公，让自己受苦受累。作为崇尚理想，充满抱负的80后的我们，也未能幸免。

知名医科大学80后毕业生王丽，由于种种原因没能如愿当一名医生，而是到了某家药厂工作。凭借着自己优秀的学历背景，没多久就成为检验室主任。由于这并非她喜欢的职业，常常抱怨自己运气差，总觉得在这里没什么出息，就是为了那么点钱而来上班的，每天抱着混日子的心态工作，时间一到就离开冲出办公室，工作上面也不是十分尽心。一次工作的马虎，导致一批不合格药品流入市场，对公司造成了很大的损失，就这样，即使有再好的大学毕业证书，也难逃被开除的命运，并且还要赔偿损失！

我们该怎样避免这样的心境和困境？那就是要学会换一个新的视角去看待工作：工作本身就是一种生活态度。将工作看做是实现自我价值过程，而不仅仅是为了赚钱，学会寻找与享受工作中的成就感与乐趣，有工作，生活才更充实，更幸福。

保利地产是中国房地产企业中的佼佼者，在保利成都公司，有这样一个普通的80后管理者，她用自己的努力造就了一个属于自己的传奇，她就是保利成都的一名中层管理者——吴小莉。保利成都公司的办公地点在人民南路最中心的一栋高端写字楼里，而吴小莉的办公室则在25层。坐在办公桌前，她可以透过一整面玻璃墙看到从天府广场到办公楼在内的大半个人民南路和毗邻的锦江，视野极好、景色也不错，但吴小莉却无暇顾及窗外的美景，“上班时间有做不完的内业、下班还要做各种协调工作，我的生活重心就是工作。”

2008年，建筑学研究生毕业的吴小莉通过校园招聘进入了保利，成为公司技术部的一名普通经办人员，“画图、跑工地……基础的工作我都做过”。借着公司扩张上市的东风，勤奋的吴小莉从一个默默无闻的员工升到了部门负责人。凭借比别人多一份的努力和用心，也凭借着自己对工作的热爱，在保利的4个年头里，吴小莉的每一个进步和成绩都被领导看在眼里，得到赏识的她荣升为技术部负责人。吴小莉把工作当做了自己的生活，坚持把自己“泡”在行业内，在吴小莉的办公室里，最醒目的装饰是挂在墙上的一幅字画，上面写着“工作就是生活”。直到现在，吴小莉依然每天坚持8点左右到办公室，比普通员工提前半小时上班；坚持做完内业才离开办公室，下班后继续协调外勤事务……“工作就是生活、休闲和我最大的爱好”，吴小莉告诉成都商报记者，她的生活和工

作从来没有分开过，周末最常做的事就是去保利在成都的各个项目走上一圈，亲自钻进工地查看一下进度。

吴小莉的故事极具代表性，工作就是生活已经是成功的80后管理者的共同生活方式。尽管80后的年轻人大多信奉工作和生活要分开、8小时以外不工作等信条，但作为管理者，其实我们很难把生活与工作完全分开，这就需要我们从心态和行为上都要作出适当的调整，不是简单地光做8小时内的分内事，而是要有更多的时间和心思去考虑和谋划你的工作。面对比我们经验丰富的前辈管理者们，我们的路还很长，所以，送给大家一句话共勉：8小时内求生存，8小时外求发展！

二、以公司利益为重，斤斤计较成不了大事

一个优秀员工固然需要精明能干，但再有能力的员工，若不以公司利益为重，这样的员工显然是不忠诚的，是不受企业欢迎的。一个具有高度职业道德的优秀员工，当他把公司的利益放在第一位并实施时，他就会感觉公司的利益其实也是个人的利益。因为公司的利益与个人的利益是一致的，没有公司的利益就没有个人的利益，只图个人利益而损害公司的利益，个人利益是不会长久的。换句话说，维护公司利益就等于维护自己的利益，无论何人，也无论何时都应遵循这一原则。

80后管理者不管是作为一名管理者还是作为一名员工，不论从个人利益或公司利益来说，维护公司利益是其必须遵循的基本职业道德。同时，一名优秀员工不但是公司利益的维护者，更是公司利益的创造者、形象宣传者与保护者。一个没有基本职业道德的员工是不会成为一个好员工的，他会失去很多发展的机会，使自己的生存空间越来越小。

不可否认，对大多数80后而言，学习、工作重要目的之一就是换取生活的资料，尤其是在社会经济压力较大的阶段。但是，如果将换取生活资料作为工作的唯一目的，忘记自己的职责，丢掉职业操守，你就会被利欲蒙蔽眼睛并将很快目的陷入贪婪的深渊。

贪婪就像一条毒蛇，时刻有吞噬你的危险，所以要时刻提醒自己必须远离它！尽管在职业道德面前，我们无法摆脱人人都有的欲望的束缚，但要深知：人一旦有了欲望就会带来人本性中的两个孪生兄弟：一个是积极向上的动力，另一个当然就是本性中的贪婪。欲望是人生而有之的需求，它与人满足欲望的能力是匹配的。换句话说，欲望是通过自己的正当能力可以满足的，或通过正当途径的努力可以实现的，是理性的结果。贪婪则表现为追求超出以上限度的。

在80后管理者的职业道德守则中一定要强调：如果你希望自己能够光明磊落地生活，期望自己获得更大的、更高层面的成功，那么，请控制好自己的欲望，无论何时都不要被它所左右。

某设计公司有几个才华出众的80后设计人员，在开始进入设计公司时，他们都能够齐心合力，以公司的发展为目标，因此，公司的业务一天天的扩大。但是随着公司的成长，利润的分配出现了问题，几个有才华的人都认为自己为公司创造了高利润，可是公司给自己的回报却微乎其微。于是就出现了极端的行为，有的人因为在公司中不能得到自己想要的那些利益，竟然在外面接私活干，以取得心理的平衡，另一些人也纷纷效仿。时间长了设计公司的正式工作反而被荒废了。设计公司经理苦劝这些设计师，希望他们不要再干私活，但是效果并不明显，事情被经理揭穿后，这些80后设

计师反而肆无忌惮，更加追求一个高的利益回报，最后设计公司在经理的一声叹息中倒闭了。这些80后设计师们才纷纷寻找自己的客户，想要跳槽，但是他们的这种只顾个人利益的行为却深深让他们的客户反感，“你在那个公司只想着自己的利益，在我们的公司难道会替公司的利益着想”，这是他们遭拒绝的理由。可叹这些80后设计师虽然才华出众，却因为只顾自己的私利而毁了前程。

没有企业会容忍那些背叛公司的人，因此，维护公司的利益就成了判断和衡量员工的基本准则，也是作为一名员工道德水平的集中体现，更是人性的显露和张扬。一个真正具有职业道德的员工，不仅能够做到维护目前在职的公司利益，同时还能维护曾经工作过的公司的利益。

身为一名优秀的80后管理者，要说实话办实事，时时处处把公司的利益放在第一位，时时处处维护公司的利益。懂得把公司利益放在第一位，无论何时何地，都会最大限度地维护公司的利益。只有那些时刻将公司利益置于首位的80后管理者，才能进一步赢得老板的赏识，得到更多的晋升机会与更大的发展空间。

同样身为80后知名设计师的陈伟，刚入行时，论才能绝对不是公司里最优秀的，但是正是由于其认真工作的态度，被提拔成A组的组长。陈伟很努力工作，为了能够及时完工，不让客户对公司产生不好的印象，即使没有加班费也常常主动要求加班，同事们都笑他傻。有一次，他的同学所在的公司和他们公司一起竞争一个大项目，同学公司的老板不惜重金想收买他，只要他肯说出公司的创意，就可以得到他半年的收入，然而他却拒绝了，最终陈伟的公司得到这个项目！后来老板得知了此事，提升了陈伟，让陈伟负责这个项目。陈伟不仅凭借这个项目拿了设计奖，也得到了老板一个大红包！

在职场中，一个公司更倾向于选择那些能够维护公司利益的人，因此也更珍惜维护公司利益的80后管理者，他们朝气蓬勃，敢打敢拼，是企业的中坚力量，即便其能力在某些方面稍微有所欠缺也无妨。一个员工固然需要精明能干，但即使是再有能力的员工，如果做不到以公司利益为重，仍然算不上一名合格的员工。因此，身在职场，努力维护公司的利益应是一名员工最起码的职业道德，更是一名80后管理者义不容辞的义务和责任，无论何时何地，都应将公司的利益放在第一位。

三、热爱本职，把职业当事业

有这样一首歌，歌词中有句话是这样说的——“如果你不能与你爱的人在一起，就爱和你在一起的人。”这句话同样适用于80后管理者的工作，工作本身就是一种生活状态，如果工作总是不开心，又何谈生活如意呢？不热爱工作，从另外一个角度想，就是不热爱自己的生命。

80后管理者一路走来，在自己经历这些的情况下，也要更多的提点新人，带领新人走出误区，传达热爱工作的态度和精神。很多人把职场想得太美好，其实不然。如果你没有规划好，你就会难免遇到各种各样的问题：工作不开心、没有前进的动力、工作不是自己想象的那么好、自己的才能无法发挥以及看到以前的同学待遇如何如何，便受不了刺激，急切地想跳槽。当初为了生存而找的工作，根本就不适合自己，这是几乎所有初入职场的朋友都会面临的问题。而这些问题通常会在步入职场的1~3年之内最明显，3年之后之所以不明显，是因为你已经被现实折磨得太久了，已经被种种不平现象同化了，因此也就习惯了。长此下去，你曾经的种种抱负被现实碾得粉碎，于是，你也从一个志向远大的年轻人一下子变成了一个碌碌无为、甘于平庸、成天为了生计而奔走的普通打工者。

只要勤奋工作，就没有做不到的事情。只有懒汉才会抱怨自己没有能力，他们会用放松来为懒惰找借口。虽然偶尔放松是人之常情，但是偷懒上了瘾就会成为一种惯性。所以不能给自己找任何借口。贪图安逸将会使人堕落，无所事事会令人退化，只有勤奋工作才是最高尚的，才能给公司带来真正的利益。投机取巧不是成功之路，只有勤勤恳恳才能有出头之时。每天多做一点，初衷可能并非为了获得报酬，但往往会收获得更多。勤奋是一种能量，开发它的人，会终身受益。成功需要刻苦地工作，作为一名普通的员工，你更要相信，勤奋是检验成功的试金石。

有两个好朋友，一个叫小王，一个叫小张，同是一个企业的员工。每当下班铃声响起的时候，小张总是第一个换上衣服，冲出车间；而小王总是十分仔细地做完自己的收尾工作，并在车间里检查一圈，看到确实没有问题后才走出车间。一天小张对小王说："你别犯傻，要知道我们只不过是在为别人打工，对得起工资就可以了，没有必要那么卖力气。""是的，我们是在为别人打工，但是也是在为自己工作，不能光看工资。"小王的回答非常肯定有力。两年后，小王得到员工的一致推荐和单位领导的赏识，聘任为车间副主任；而小张仍旧是一名普通的员工，所不同的是小王已经成为小张的领导，自然收入也就随之提高了。

在现实工作中，有一些80后管理者平时不是努力学习为自己的素质提升打好基础、积累知识，而是投机取巧花钱买文凭，有的甚至买假文凭来“包装”自己；有一些80后管理者平时不是勤奋工作为自己的发展丰富阅历、掌握技能，而是千方百计托人找关系来“提拔”自己；有一些80后管理者平时不是善思勤写为自己的成长描绘编章、总结道理，而是让家人亲友替写，有的甚至花钱雇人发表文章来“展示”自己……有上进心固然是好事，但必须是踏踏实实走好人生的每一步。随着管理的不断加强，选人用人机制的不断健全完善，近年各单位按照省公司的部署开展了各类管理岗位、中层职位的竞争上岗，一些平时自以为怀才不遇、神通广大的80后，其能力与水平就相形见绌了；相反，一部分平时好学上进、勤奋工作的优秀80后员工就脱颖而出。

小敏现任某知名时尚杂志的专栏主编。大学一毕业刚来到这家文化公司时，虽然应聘的是编辑一职，但工作内容完全是个打杂的：打印、借拍照的衣服、给领导冲咖啡、帮同事买外卖等。但是她十分热爱自己的工作，相信只要通过自己的努力，一定会成为一名优秀的主编！一开始，小敏的稿子常常被主编批评，甚至一个几十字的小资讯都要写上几十遍，但她从来没有抱怨过，也没有放弃，反而看到自己的不足，不断收集时尚资讯，培养自己的时尚意识，用心领悟时尚，并将感悟融入到自己的文章去，用心写每一句话！渐渐地，小敏的稿子一次就能通过。然而，小敏并没有满足于此，她开始自己寻找主题，如今，小敏已经成为公司里最年轻的专栏主编！

一个人的工作态度折射着人生态度，而人生态度决定一个人一生的

成就。80后管理者必须认识到，你的工作就是你生命的投影。无论你从事何种职业，都应该珍惜它，竭尽全力地工作，积极进取，尽自己最大的努力，追求不断的进步。自己的人生自己策划，自己的命运自己把握。古罗马皇帝在临终时给罗马人留下这样一句遗言："勤奋工作吧！"可以说这是他终身智慧的升华。

每个人都希望在工作生涯当中不断地学习、成长，能够使能力与职位有所提升，但往往会被许多无形的事物所羁绊，而本身却不自觉。因此，80后管理者在辅导部属时，必须先助其发觉这些限制并加以去除，也就是说，辅导同人并非只是告诉他一件事该如何做，而是要告诉他本身该去除的障碍为何。这些障碍往往便是阻碍一个人从熟练工作内容之后，进而达到精通程度的阻力。阻碍一个人往更高层级提升的因素，最常见的有两种。首先是升上一个层次之后，一般人会希望奖赏自己，产生了休息的念头，失去继续学习成长的动力；其次是到了高层之后，逐渐感到心满意足，因而停止了学习。这属于认知与持续力方面的问题，同样需要引起80后管理者的警戒和注意。

四、严肃认真，魔鬼往往藏在细节中

小事成就大事，细节成就完美。细节的宝贵价值更在于它是创造性的，独一无二的，无法重复的。管理无小事，事事都育人，80后管理者的每个细小的行动都是无声的教育，它远比豪言壮志语更行之有效。所以80后管理者必须以认真的态度做好工作岗位上的每一件小事，以责任心对待每个细节：从对下属的每个微笑至换位思考为领导着想；从重视下属每一次的提问到放手让下属去处理"小事"。只有这样，才有可能在中层的岗位上创造出最大价值。

东汉的薛勤曾经说过："一屋不扫，何以扫天下！"是的，小小的房间都不会整理，谈何去"管理"一个天下啊！80后管理者，从自己身边的小事做起吧。一个好的80后管理者应当具备责任感。责任感反映了一个管理者的精神境界。很多事情没有成功，不是我们没有付出努力，而是我们忽略了一些细节——一颗螺钉松动足以让航天飞机灰飞烟灭；药厂厂长一口痰失去了与外商合作的机会；入口处多一节拐弯的门，可以降低空调的耗电量；市长弯腰拾起眼镜，引来了巨额投资……这一切都说明细节和责任足以决定成败！

彼得·德鲁克曾讲道："行之有效的创新在一开始可能并不起眼。"而这不起眼的细节，往往会造就创新的灵感，从而能让一件简单的事物有一次超常规的突破。杜拉克认为，创新不是那种浮夸的东西，它要做的只是某件具体的事。企业要真正达到推陈出新、革故鼎新的目的，就必须要做好"成也细节，败也细节"的思想准备。否则，所谓的创新只能是一句空话。所以，创新不一定是"以大为美"，绝不能轻视企业活动中的既不相同却又相互关联的每一个细节。

成功的企业家与管理者也都是关注细节的高手。不少公司在谈到管理时往往会大谈制定了多少规章制度、有什么工作流程、工作手册有多么全面，但是他们却往往会忽视管理的精髓，即管理对细节的量化。例如，我们经常在各种服务场合看到某个单位挂出的一句标语——"微笑服务"。但到底怎样的笑称为微笑？沃尔玛规定：面对顾客要常露微笑，后面写的注释是"露出八颗牙"——量化细节，露出八颗牙就是真的在笑了。麦当劳对每一个流程都量化细节，连炸薯条、制作牛肉汉堡都有详细的规定。麦当劳规定：牛肉饼烤出20分钟，没有卖掉就要扔掉，这就是细节。

职场如同生活一样，是由许许多多微妙的细节构成的，有些细节看起来微不足道，却往往暗藏玄机。也许，你就是因为疏忽了一个小小的细节，而错失了人生旅途上的许多机遇。关注细节，这不仅是一个小小的提示，更应该是一种需要我们刻意去培养的态度和行为准则。

对我们这些80后的管理者来说，管理是由多个细节组成，想要不输于细节，就要时刻保持严谨认真的工作态度。

小陈是某酒店的主管，对于酒店而言每一个服务的小细节都可能影响到可能对酒店的满意度！酒店管理无大事，做好小事，才能成就大事。服务质量的高低取决于细节工作的程度，只有将服务的细节做到位，客人才能感觉到服务的存在，酒店才能实现体验营销。身为主管的小陈做事十分严谨认真，经常亲自检查客房的卫生，确保卫生无死角；要求酒店保安人员严格按照要求检查全通道是否畅通等。正是这些看起来不起眼的小细节，不仅使酒店得到好的口碑，更确保了客户的安全！一次由于一位客人的马虎，引起了火灾，由于小陈组织工作人员定期进行火灾疏散的演绎，所以当晚值班的同事并没有惊慌失措，而是有序地组织大家逃生，很快大家都得救了！

一心渴望伟大、追求伟大，伟大却了无踪影；甘于平淡，认真做好每个细节，伟大却不期而至。这就是细节的魅力，是水到渠成后的惊喜。在我们身边，我们的许多同志就有细节意识，他们对待工作一丝不苟，力争做到每一细节完美。在打印资料文件时，提前做了大量的准备工作，力争不浪费一张纸；在备课写教案时，力争准确、实用、美观，就连一个小符号也严格要求自己。我想我们应该向他们学习，发扬他们这种对待工作认真、精细的精神。

由此可见，有责任感、重视细节虽然不是一个甜美的字眼，它仅有的是岩石般的冷峻。一个人真正地成为社会一分子的时候，责任作为一份成年的礼物已不知不觉地卸落在他的背上。所以，80后管理者需要注重细节，树立强烈的责任心，把身边的每一件小事做细。在企业管理的过程中，如果一名80后管理者能够真正地把身边的每一件小事做细了，那么他也就是一位不简单的管理者，他将在现有的职位上作出更大的成绩，取得更好的发展，甚至走向企业的高管层。

五、敢于担当，不找理由找方法

温家宝总理说过："事不避难，敢于担当。"在生活中，每个人都该有自己的担当，不管是为情、为理还是为义。担当是一种责任，一种自觉，是一种境界追求、一种人格修养，更是一种拼搏意志，一种牺牲奉献。桥的价值在于承载，人的价值在于担当。很多东西在空中悬着，有了担当精神，它们才能落地，才能落实。

是否具有担当精神，是否能够忠诚履责、尽心尽责、勇于担责，这是检验每一个80后管理者是否真正体现了自身岗位职责和价值的重要方面。敢于担当，既是公司对80后管理者的要求，也是80后管理者自身应该具备的素质。

敢于担当，就是要在难题面前敢闯敢试、敢为人先。对于应该完成的任务，顶着压力也要干，对于应该负的责任，迎着风险也要上。要有履职尽责的强烈愿望、干事创业的崇高追求、舍身忘我的工作热情和敢为人先的开拓精神。敢于担当，就是要在矛盾面前敢抓敢管、敢于碰硬。敢于承担难事、棘手的事、得罪人的事，善于处理各种复杂的矛

盾。遇到矛盾不回避、碰到困难不退缩、面对责任敢担当，主动靠前，深入一线，努力把矛盾化解在基层，把问题解决在萌芽状态。敢于担当，就是要在风险面前敢于作为、敢于承担责任。强烈的责任意识是勇于担当的前提。古人说："大事难事看担当，顺境逆境看襟怀。"在机遇与挑战并存、风险与发展同在的关口，在非常时期尽非常之责，用超常之功作非凡之为，唯有敢于担当！正所谓"危难当头，方显英雄本色"。

作为基层工作者的带头人、领路者，80后管理者的责任不仅关乎个人，更关乎一个部门的发展。责任与机遇成正比，"良农不为水旱不耕，良贾不为折阅不市"，如果有责但是却缺少担当，在位却不在状态，就会错失机遇、耽误进程，干不出成绩，打不开局面。

担当缺失的主要表现，是缺少对现实情况的了解，缺乏对复杂局面的判断，看不清趋势，做不出决断。或是不愿负责，没有担当的勇气："得罪人"的事不干，"讨人嫌"的话不说，只要不出事，宁愿不做事。更有甚者，自己不负责任，还对敢于担责的同事风言风语、说三道四，腐蚀正气、助推歪风。

我们说担当，不是空洞的、抽象的，而是具体的、实在的。一言一行，一岗一位，都能见担当。是勇于改革、大胆创新，多做建树性工作，还是畏惧风险，墨守成规，只做门市性工作？是创先争优、争创一流，还是甘于平庸、甘居中游？是打基础、谋长远，久久为功，还是搭"花架子"、搞"政绩秀"，一时风光？是直面矛盾、正视困难，积极解决问题，还是绕道走、躲风头，消极掩饰问题？是面对急难险重任务敢于上阵，靠前指挥，还是推脱躲闪，打退堂鼓？是极端认真、严细深实，一抓到底，还是漫不经心、粗枝大叶，抓抓停停？是敷衍塞责、一

味迁就，扬汤止沸一时应付，还是举一反三、建章立制，釜底抽薪完善机制？是严格要求，加强管理，还是放任放纵，捂着哄着？——责任和担当，就体现在对这些“选择题”的解答中。

不敢负责，没有担当，软、怕、躲、退，说到底恐怕还是因为个人得失之心太重，患得患失，顾虑重重，多思转多私。忧的不是不辱使命，而是个人名利；虑的不是事业进展，而是个人“进步”。确实，领导干部有岗位责任的要求，也有自我发展的诉求，所以尤其要认识到二者的辩证统一。有责任、敢担当，才能干好工作、做出成绩，也才能得到尊重、有所发展。否则，就容易因个人得失放松岗位责任，让组织失望、让群众寒心。

失败乃成功之母，这是众所周知的至理名言。那么，为了孕育出“失败”母体中的“成功”，80后管理者请不要剥夺了母亲生存的权利。

在职场中，常听到这样一些借口：上班迟到，会有“闹钟坏了”、“路上塞车”的借口；没有按时完成任务，会有“时间太赶”、“岳母住院”的借口；工作粗心大意，会有“大丈夫不拘小节”的借口；业绩不理想，会有“产品性价比不高”“消费群体太窄”的借口……人们似乎已经习惯为自己的某种不足或表现不佳找借口，以此来回避责任，推卸责任，保全自我。

一个漆黑、凉爽的夜晚，在墨西哥首都墨西哥城，当时还是一个年轻人的坦桑尼亚的马拉松选手艾克瓦里，吃力地跑进了奥运体育场，这时整个体育场已经空无一人。他是最后一名抵达终点的选手。这场比赛的优胜者早就领了奖杯，庆祝胜利的典礼也早已结

束。艾克瓦里的双腿沾满血污、绑着绷带，他依然努力地绕体育场一圈，跑到了终点。有人问艾克瓦里，为什么不放弃，而要这么吃力地跑到终点？这位来自坦桑尼亚的年轻人轻声地回答："我的国家从两万多千米之外送我来这里，不是仅仅叫我在这场比赛中起跑，而是派我来完成这场比赛。"

相信假如艾克瓦里中途放弃的话，没人会怪他，而且会有"第一次参赛，经验不足""精神状态不佳"的借口，坦桑尼亚人估计还会说他虽败犹荣……但是，他以另一种方式赢得了全世界的尊重，性质不同于冠军但程度丝毫不差的尊重！

80后管理者为自己找借口的"外套"，会使自己把借口已经习惯性地成了你办砸事情的挡箭牌，那么，长此以往，你将为找各种借口而乐此不疲，不会再积极主动，勤奋努力，而是把大量的时间和精力都放在找合适的借口上，这样会使你的同事、你的上司对你很反感，他们眼中的你就是一个时刻只懂得找借口、推卸责任的"职场废人"。编一个谎言，就要更多的谎去圆它。如果你已经厌恶了陷入这种无边无际的"借口"深渊，那么就请到此为止吧，让自己能堂堂正正地面对身边的人，让"借口"尽快离你而去。跟自己作对，勇于对自己的所作所为承担责任，不找借口。如果你觉得在上司批评你时想反驳，不妨做深呼吸，以微笑代替可能出现的对立情绪。80后管理者请记住：管理中只为成功找方法，莫为失败找借口！

其实，承担责任很简单。比别人早一些进入办公室，想一想一天的工作计划，当电话铃声响起的时候，热情地拿起话筒，把合作伙伴或者顾客的要求或者意见准确地记下来，如果是自己能够处理的，就要不怕

辛苦地把问题解决，哪怕不是自己的责任学会比别人晚一些离开办公室，不要只图一时的轻松自在，晚回家一会儿也许是占用了你的私人时间，但是却提高了你的个人能力，甚至得到升迁的最佳机会。

80后的武红毕业后到某外企从事文员工作。一天午休，同事们出去吃饭了，她正准备出门，这时，董事长杰克经过他们部门时停了下来，把她叫住，痛斥她说这么紧急重要的文件你们也会弄错，马上修改好。虽然这并不是武红分内的工作，但是她依然回答道："董事长，我会尽快修改好！"武红并没有过多的解释，而是立刻抓紧时间把错误修改好，挽回了因同事的错误险些给公司造成的损失。四个星期后她被提升到了一个更重要的部门工作，薪水提高了30%。看起来是微不足道的小事，有时恰恰反映了我们的责任心。

80后管理者，你的担当决定了你最后能走多远、能取得多大的成绩。敢负责，方能放开手脚，奋发有为；有担当，方能挑起重担，大有作为。

第五项修炼　收敛个性，克服感性与冲动

所谓个性就是个别性、个人性，就是一个人在思想、性格、品质、意志、情感、态度等方面不同于其他人的特质，这个特质表现于外就是他的言语方式、行为方式和情感方式，等等，任何人都是有个性的，也只能是一种个性化的存在，个性化是人的存在方式。

在日常生活中，人们对个性也容易产生一些误解，往往认为一个“倔强”“要强”“坦率”“固执”的人很有个性；而“文雅”“平和”“斯文”“柔弱”的人没有个性。这种看法是不对的，至少说是不全面的。“倔强”“要强”“坦率”“固执”是一种人在其生活、实践中经常的、带有一定倾向性的个体心理特征，是一个人区别于其他人的精神面貌或者心理特征。由于这种倾向的个性特征比较鲜明、独特，往往容易给人留下深刻的印象。而“文雅”“平和”“斯文”“柔弱”也同样是一种性格温和、希望与他人和睦相处的、带有倾向性的个体心理特征和区别于其他人的精神面貌或心理特征。只不过这种倾向性的个性特征比较平淡而不鲜明，往往不容易给人留下深刻的印象罢了。由此可见，不管是哪一种倾向性的个性特征，不管这种特征是鲜明的还是平淡的，它都表明了一种个性。心理特征人人都有，精神面

貌人人不可缺少。从这种意义上来说，世界上不存在没有个性的人。个性对于一个人的活动、生活具有直接的影响；对于一个人的命运、前途有直接的作用。

个性贯穿着人的一生，影响着人的一生。正是人的个性倾向性中所包含的需要、动机和理想、信念、世界观，指引着人生的方向、人生的目标和人生的道路；正是人的个性特征中所包含的气质、性格、兴趣和能力，影响着和决定着人生的风貌、人生的事业和人生的命运。

个性其实是一个结构或者说是一个系统。探讨个性的结构，目的在于找出个性的各种特征和表现，揭示出个性的本质特点。个性结构的这些成分或要素，又因人、时间、地点、环境的不同而互相排列组合，结果就产生了在个性特征上千差万别的人和一个人在不同的时间、地点环境中的个性特征的变化。个性决定80后管理者的命运。不论态度积极与否，锋芒毕露和感性冲动都是明显的缺陷，而这两点也正是80后管理者普遍存在的共性问题。

一、改变自己，就是影响别人的开始

每个人的内心都有一扇只能由内开启的改变之门，这扇门从外面是推不开的，只能由内向外推。如果你不愿意打开这扇门，不论我在外面如何动之以情，晓之以理，一切还是无效。所以80后的管理者，在你们看这本书的时候，首先希望你能打开内心里的这扇门，当你打开这扇门后，你将会感受一些全新的东西，这些东西不曾在你的职场中体会。

佛家说："心魔即魔，心佛即佛。"具有魔的心灵你就将成为魔，拥有佛的心灵你就会成为佛。人在生活中是否幸福、快乐、成功，在很大程度上是由你的心灵决定的，是由你心灵的修炼程度决定的。人的成

功应该是由内而外的，唯有修炼好心灵，才能享受真正的成功与恒久的快乐。没有修炼好心灵，即使取得了成功，也不能保持长久。

《大学》说："自天子以至于庶人，壹是皆以修身为本。"我们所希望的一切改变，其实就是从当下改变你自己，从修身开始！甘地说："在这个世界上，你必须成为你希望看到的改变。"正如你希望看到别人的微笑，可以先将微笑带给他人；当你希望看到城市的整洁，不如自己先来做环保；当你希望得到别人的关怀，何不先送出温暖，照顾他人？当我们不再将眼睛盯着别人，而是回归自己的心灵世界，将内心的尘埃打扫干净时，会发现，自己改变了，世界也随之变得美好。其实，改变别人不是目的，而是自然的结果。能拼好人生这张图，身边的世界也随之调整。很多时候，我们常常会遇到不能改变的事，改变不了这个世界和社会上的许多东西，但是我们可以改变自己，改变我们自身的重量和我们自己心灵的重量，这样我们就可以稳稳地站在这个世界上，不被风或其他什么吹倒和打翻。我们必须明白，通过改变自己来改变处境，是最有效的方法。学会给自我加重，这是一个人不被打翻的非常重要的方法。我们没法改变别人，但我们能改变自己；当你改变了，你周围的人也会慢慢地改变。这个时间也许很长，却是最管用的，并且不会伤害任何人。生活是自己的，你的每一天，每一份快乐，都得靠自己去感受，去捕捉。改变别人是事倍功半，改变自己是事半功倍。相信自己吧！美好生活从改变自己开始！

柳传志就是一个创业的传奇，一个管理学上的大家。这个传奇的意义，不仅在于他领导联想由 11 个人、20 万元资金的小公司成长为中国最大的计算机公司，更重要的是，他的传奇故事对许多立志创业的青年人来说，是一种激励。这个传奇让每一个创业青年都可以怀有这样一个

希望——“如果我足够地努力，也可以像柳传志那样地成功”。柳传志以其亲身经历告诉青年人，创业成功所必需的要素其实并不多。他也用自己强大的气场，影响了许许多多的后辈。

我们很难改变别人，我们只能通过改变自己来影响别人；我们更不要抱怨别人，我们只有通过让自己变得更杰出来征服别人。这是一种思维方式的问题，改变别人是很困难的，即使改变了别人，你也不会有什么进步，而多反省自己，时刻提醒自己还应该做得更好，你就能够改变自己，使自己得到进步。而且，对于80后管理者来说，改变自己还有更高的要求，因为下边的员工还可以要求你为他进行指导和解答疑惑，但是你不能，因为你是企业的中层，你已经走到了管理的行列。你也不能轻易求助于你的上司，他们更看重的是结果，而让他们知道你过程中的痛苦反而不利于你的发展。所以，80后管理者必须更好地改变自己不足的地方，更好地让自己全面的发展。

某工程管理公司是国内知名的工程管理企业，旗下有很多优秀的项目团队和团队负责人，汪峰便是这些优秀员工的一个代表。1983年出生的汪峰，在2011年4月做到了项目经理的位置，带领一个团队在秦皇岛做一个工程项目的监理。最开始，项目团队成员由于都是新入职的员工，来自不同文化背景的企业，同时年纪都不大，思维比较活跃，没有严谨的工作状态，天天乱成一团。

这时候，汪峰没有抱怨，他在细心调教的同时，更加严格地要求自己。汪峰做任何一件工作，都能比一般人想得周密，做得有条理，能快速地解决问题；在面对困难时，自己勇挑重担，不怕困难，喜欢在重担和困难面前锻炼自己的人格和能力；从小处着手，

一步一个脚印地解决问题；不追求个人享受，任劳任怨，以身作则，同时能以大家的甘苦为甘苦；能以科学的手段，指导大家的工作方法，能以人性为本，激励大家的工作热情。

渐渐地，周围的项目团队成员都开始不好意思了，他们一开始不听也不在乎汪峰的督导和管理，但是慢慢地发现如果自己再这样下去，实在是对不起汪峰，大家都被汪峰的工作风格和对他们的耐心教育所俘获，纷纷开始对自己严格要求，向汪峰靠拢，不知不觉中，整个团队的凝聚力加强了，汪峰成功地影响了团队的成员，打造了一个做事情踏踏实实的工程监理团队。

不光是80后管理者会遇到改变自己的难题，生活中很多夫妻、朋友间的争吵，不也正在于我们总想去改变别人吗？古人讲：严于律己，宽以待人。人最应该反省的是自己，人最应该改变的也是自己。80后管理者只有严格地要求自己，不断地改变自己，才能让自己变得更好、更优秀、更杰出，80后管理者的工作顺畅了，生活世界也才有可能因此而变得更美好。

二、由“人关注我”到“我关注人”

职场人际关系玩的不是真人秀，其复杂性和巨汗性，不亚于风波诡秘老鸟辈出的政坛。许多学校新人或从其他地方转行而来的人，因为不熟悉这种水性，而不慎溺水或成办公室丁克族的大有人在。80后管理者同样人在江湖，既身不由己，就得下大力气去熟悉这种江海河湖的水性，去学会正确处理这种人际关系，使自己在旋涡重重中稳打稳扎，见招拆招，善变阻力为助力，于千难万险中趋吉避凶，如鱼得水，畅游职

场；即使偶尔无水，也能从容畅游八百里。

80后管理者应该都还记得，当初自己进入不管任何一家新的公司，要熟悉的头等大事不是工作流程、岗位职能，而是许多人都明白的人际关系。但是，如何认识这种人际关系，如何从中抽茧剥丝般地拉出一条逻辑性，如何给自己正确定位，确实得花费大量的脑细胞。

职场是创造利益和价值交换的场所。既然职场人际关系是在这种特定的环境中产生，那利益关系应该就是处理人际关系的支点。换言之，职场人际关系就是以价值为核心的人际互动过程。找准这个支点，并由此切入，就能把握现象背后的本质，画出人际规划的基本线。这种思考，一定不能被五花八门的认知晕轮、情感晕轮、友情晕轮所自惑，在现实中，所有这些因素最终都会随着利益的变化而变化。还是丘吉尔那句老话：只有永远的利益，没有永恒的朋友。所以，每位新人到了一个新地方，首先，就要认识这个地方人际地形图。在众多的同事中，明白区分出谁是我可以结交的同盟者，谁是我未来的合作伙伴；谁是我不可避免的竞争者，谁是我潜在的竞争者；谁是我可以拉拢的对象，谁是我应该警惕的人。其次，分清在利益杠杆的遥控下，这种环境的未来发展趋势和各阶段性的格局。最后，在这种外在分析的基础上，超频判断自己目前所在的方位，自己的未来发展方向，现在应该怎么处理这些关系，下一步应该怎么做，在中间的过渡期应该留下什么样的伏笔。

这种人际规划的总原则是“团结一切可以团结的力量”，关键在于找准能赏识自己、肯提携自己的职场“贵人”。因为只有团结众多的同事，广结善缘，才能形成四通八达的人脉网，才能使自己在处事过程中游刃有余，同时从数量中淘出质量，为找到自己的职场“贵人”打下基础。只有在不同阶段都能找到自己的“贵人”，才能找到

职场支撑点，使自己在职场生涯中节节上升。这种“贵人”，也就是“背靠大树好乘凉”中的那棵大树，能否找准、找到这棵大树，将在很大程度上决定一个人职业发展的命脉，也是衡量一个人职业智慧的重要因素。天道酬勤，当然也酬这种人际关系的勤。一番辛苦，待这种网络布成，就可以稳坐中军帐，做到呼风有风，唤雨有雨。当然，职场中也能找到利益杠杆之外的朋友，从中获取助力。但要牢记，这种关系只能是一种辅力，而且这种关系交叉到一定程度，绝大多数也会形成对弈关系。同时，职场中的人际导向和人际认知最终都会随职位、工作岗位、工作距离的摇摆而摇摆。这一点始终不能模糊，也不可轻易忘记，否则，就活脱脱成了“诸葛亮玩狗——聪明一世，糊涂一时”。

在如上统筹思考的基础上，80后管理者需要设定出自己的人际模型，让自己有一个清晰的思考体系。

首先，80后管理者需要以利益的长期和短期指数为衡量基点，划分出自己的核心型人际圈、投资型人际圈、收割型人际圈、警惕型人际圈、边缘型人际圈。对于既有眼前利益也有未来利益的人，划入核心型人际圈；对于未来有可期望利益，但当前没有利益的人，划入投资型人际圈；对于当前有利益的，但未来没有利益的人，划入收割型人际圈；对于可期利益摇摆不定或利害掺杂，以及心机叵测的人，划入警惕型人际圈；对于完全没有利益的人，划入边缘型人际圈。

其次，80后管理者需要根据自己目前的管理职务实际，设定利益衡量的协应标准：对于自己的上级领导，以具备高超领导力，能够赏识自己、提携自己，自己犯偶尔过失时能够为自己遮掩，心态自信的为识别要素；对于自己的同级别同事，以工作中能够资源共享、互相进步，能够默契配合，意见相左时能够体谅包容，心态开朗的为识别要素；对于自己的部下，以有培养潜力，有工作执行力，外出办事能为自己长脸，内部办事能让自己放心，心态积极地为识别要素。

再次，80后管理者需要详细分析自己身边的领导、同事或部下，根据自己对他们的属性判断，以及可能的交叉程度，将之分门别类予以归档。

最后，80后管理者需要结合自己的资源实际，预测可能的人际投资和人际收益，对于可投资可增值的，收支有把握的牛股，予以进一步调整归类；对于自己资源无法因应或变通后也无法因应的，以及投资后可能无所收益甚至血本无归的垃圾股，也予以进一步调整归类。

当身边的领导、同事或部下一个个眉目清晰的时候，80后管理者接着要着手考虑的是应采用什么样的态度策应这种人际关系。这种态度是发展各种人际关系的起手式，它将很大程度影响人际关系的开局和人的认知定式。下面我们看两个80后管理者的不同做法。

某公司新近招聘了两名同是北京大学的高才生，一名进入市场部工作，一名进入企划部工作。进入市场部工作的毕业生叫小王，当他报到时，他的80后上司跟他说："小王，你是北大的高才生，我们这儿亏待不了你的，赶快收拾一下办公桌，准备上马！"同样地，进入企划部工作的毕业生叫小张，他的80后领导也对他说了些勉励的话，但是他的领导相对而言则高明得多了。他的领导是预先让人把一切收拾好，而后才说："小张啊，大家都很欢迎你来与我们同甘共苦，东西都给你准备好了，你看还有什么不够的东西，尽管提啊。"一样的欢迎，前者华而不实，空泛无物；后者却不带

一个恭维之词，但领导的关切早已落在无声的行动上。只在一语之间，两位80后管理者在关注下属这一块儿的表现和做法就分出了高下。

80后管理者要善于关注下属，及时从“人关注我”转变到“我关注人”。对于核心型人际圈的人，80后管理者主要以殷勤和易身思考为基准态度；对于投资型人际圈的人，80后管理者主要以主动帮忙和增进互信为基准态度；对于收割型人际圈的人，80后管理者主要以尊重协作和资源互换为基准态度；对于警惕型人际圈的人，80后管理者主要以多听少说和步步为营为基准态度；对于边缘型人际圈的人，80后管理者主要以客气而冷淡为基准态度。

同时，80后管理者还应细致考虑如何根据对方的喜好和习惯制订沟通内容，沟通的合适渠道，沟通的有效方式，沟通的步骤，沟通的障碍，以及沟通的注意事项等，从而能够有目的、有方向、扎扎实实地发展自己的人际关系，提升自己的事业线。

三、由“外方内方”到“外圆内方”

俗话说，没有规矩，不成方圆。管理就如同一个方块，加一个圆形，合在一起像我国古代的铜钱——内方外圆。管理的原始积累就是“规矩”——中规中矩、方方正正、有板有眼、有棱有角，构成了管理的基本骨架。管理的原始目的仅是解决如何把活生生的人放进一个个框子里，并且在规定时间内完成该做的事。那时的管理以控制、命令等特殊语言为特征，形成了一个方形世界。

美国早期汽车工业巨子亨利·福特创造了世界上第一条汽车生产流

水线，用机器自动化的分工严格控制工人，并以无情的管理方式和独断专行的领导风格，牢牢地控制着福特汽车王国。

泰勒（F. W. Taylor）是现代管理奠基人之一。20世纪初，他以独特的理论和分析方法，开创了科学管理新时代，但泰勒式管理也给人一种方正感。在管理中，不能以文化习惯、国情特殊等为借口，轻视管理的方正感；更不能盲目追求规模极限，而忽视管理骨架所能支撑的限度。在GE（通用电气）公司的管理体系中也能看到很多具有方正感的管理。据说，GE遍布全世界各地的所有企业，必须在每天晚上9点前，把当天各自上亿美元的现金收入统一汇入指定银行，以便利用异地时间差贷出去赚取利差，然后第二天再周转回来。“方”管理浸透着无情，把管理看成是数字、格式、程序、规定等要素的精确运用，甚至将管理狭隘到数学方程游戏的地步。因此，管理的“方”，远远不能涵盖管理本身具有的丰富内涵。——随着历史的演进，管理更多地融进人性色彩，一种以新语言、新方式和新理念为标志的现代管理模式应运而生。管理大师哈默尔说：“在现代管理理论的发展过程中，始终有两个目标并存：管理如何更加科学，管理如何更人性化。”如果有人认为追求后者比前者更加光明，就大错特错了。实际上，这两种追求是管理的“阴”“阳”两面。

我们这些80后管理者生活在科技发达的信息时代与崇尚个性与追求自我，又由于条件优越、从小被宠爱，因此多数人都自信满满与行事自我，常常跟着感觉走，由着性子来了，个性棱角分明！然而，在职场上没有人会把你当做孩子，更不会像父母那样包容你！我们在职场中，难免会遇到事与愿违的事情，或者要服从自己不认同的指令。身为一个职业人，一个管理者，要理智客观地对待问题，而不是

感情用事。

管理是一门综合艺术。作为艺术作品的优秀企业，具有无法拷贝的特性。所以，美国GE根本不可能在中国复制；海尔模式也休想在其他企业再现。直接面对人的复杂性、事态的无序性和社会环境的多元性等因素，给管理带来了艺术特性。这就要求企业领导者因地制宜、因人而异，锤炼属于自己的高超艺术力。

有这样一个实例：

某公司的新考勤制度无法执行，平衡计分卡无人买账。同样都是80后的总经理王亮和研发总监赵康宁在公司例会上同个部门负责人讨论如何收拾残局，是兵不由将，还是兵来将挡？在对平衡计分卡系统等问题进行探讨的过程中，总经理王亮和研发总监赵康宁两人貌似平静，实际暗藏机锋，总经理王亮不赞成这种方式，而研发总监赵康宁对平衡计分卡系统推崇备至。几个回合下来，双方逼近对方的九宫，但却依然没有将窗户纸捅破。最终，研发总监在两次强调了自己的态度后，不再坚持，最终向总经理妥协了。

会后，总经理再次找到研发总监赵康宁，感谢研发总监赵康宁在会上给自己留了面子，而自己后来也是觉得这种方式有他的优点，只是碍于情面死撑到底罢了。最终，平衡计分卡在公司新的制度下顺利推行，而两个80后管理者互相留面子、外圆内方的做事方法也保证了各自的形象和权威，达成了私下的合作。外圆内方的做事方法，无疑对两者都是一笔无形的资产。

笔者认为，80后管理者需要追求的最高境界就是：方在圆中，圆融于方，两者相互交融。“方”是80后管理者的精髓，“圆”是80后管理者的灵魂！外在圆融，内心执著，学会“跟随”和“弯曲”，既要保持独立性，但又不能太自我，凡事多换位思考，学会“辩证”和“绝对”，寻求最合适的解决之道。只有这样，作为管理者的80后，才既能在有序的“方”状态下得心应手；又能在无序的“圆”环境中应对自如。

四、由“率性而为”到“谋定后动”

在80后管理者身上，最容易出现的问题就是“率性而为”，即行事没有策略而言，很少进行事先的谋划，想到什么就怎么去做！然而，没策略的行事是管理的大忌！

吴浩在刚刚调职招商部时，就吃过这亏！一次，吴浩自己单独去接待客户，吴浩自以为自己口才出众，这种简单的接待应该没有问题，所以事先没有做任何准备，也没有准备相关的资料。去了之后，吴浩发现还有同行其他公司的招商人员来，客户问及相关的产品信息，吴浩含含糊糊地回答，而其他家公司的招商人员不仅准备了充分的材料，还针对吴浩公司的产品指出自己产品的优势！结果可想而知，吴浩错失了这位客户！

但凡好的管理者，均需沉住心性、谋定而动。

2010年5月18日，在福州第12届“海交会”上，闽籍地产大鳄冠城大通与永泰县人民政府签订了总投资额达32.5亿元、占地约3232亩的海西文化创意产业园项目协议书。

这是继去年年底在福州天价拍下“井大路地王”后，冠城大通再次聚焦业界眼球的一个大手笔。一时间，关于京城闽企四大家族之一的冠城大通衣锦还乡的消息不胫而走。而与福州市、县两级政府签下两份协议的一个关键性人物，却是一个年轻的地产资深人士——年仅37岁却有着17年独立操盘经历的冠城大通总裁韩孝捷。都说三十而立，但家族经商的韩孝捷却于20岁的弱冠年纪挑起了家业，而韩孝捷每次不鸣则已，一鸣惊人，每一次拿地和投资都让人拍案叫绝，韩孝捷也不止一次在采访中坦言，谋定后动，是他取得成功的法宝。

据了解，工作之余的韩孝捷，还是一个钓鱼发烧友。而至今已有十多年“钓龄”的他，喜欢的钓鱼方式也与常人不同。“我钓鱼就一定要出海，和几个朋友包一艘船，把船开到大海去，找个孤岛，一钓就是一整夜。”

私底下，他和几个志同道合的“钓友”办了个钓鱼协会，“我就是会长！也是召集人。”韩孝捷打趣地说道。在福州工作闲暇时，他总会约上三五好友，一起到罗源或连江，带上干粮、手电筒与锅灶，在荒岛上彻夜垂钓。谁都知道，钓鱼是一件磨人心性的慢活。有人认为是浪费时间，有人却是自得其乐。乐在垂钓与静观其变的过程，更乐在享受成功的瞬间。对韩孝捷来说，无论是当年的“金山第一拍”，还是之后并购华事达，都充分体现了他善观时势、谋定而动的操盘风格。

谋定后动，作为管理者到底需谋划哪些呢？简单来说，在行动前，以下几个问题是你必须要事先考虑的。

第一，我们要做什么，我们的具体目标是什么？

第二，我们非做不可吗，为什么一定要达成这个目标？

第三，我们可能存在的风险和障碍是什么？

第四，我们能做吗？需要哪些人、财、物的资源和条件？

第五，我们具体该如何做，行动步骤和方法是什么？

把这5个问题考虑清楚了，你就能杜绝率性而为的盲目与冲动，少走弯路，真正做到“做正确的事、正确地做事”。

五、由“豪情万丈”到“立足现实”

2010年，25岁的80后小伙李建平在深圳一家通信公司任片区经理，公司的主营产品是卫星接收器。不到一年的时间，精明能干的李就为公司创下了500多万元的销售收入。

每个人都有高于今天的理想，因此每个人都有创业的冲动。自学校毕业来到深圳后，李建平像大部分的年轻人一样，自己创业的想法一直萦绕在脑海中。李建平有一个要好的同事刘家明一直负责深圳的销售工作，对深圳地区的通信电子市场比较熟悉；另外一个好朋友陈锦文则在国内一家顶尖通信企业做了两年多的技术开发工作后辞职，处于赋闲状态。已有工作经验和个人积蓄奠定了创业的基本条件，三个人似乎也能优势互补。年轻人特有的豪情壮志，使得大家认为只要联手一心，坚定意志，就能以“十倍的努力换取十倍速的致富”。2010年11月，三人合伙的公司正式成立，注册资本50万元。公司最初专注于卫星接收器的销售及安装，产品可以直接从原来的公司批发；不久他们就和珠海一家电话机厂商签下

了合作协议，成为该厂的代理商。

发轫之初似乎很顺利，卫星接收器三四个月的时间安装了十多台，赚的钱已够房租水电等费用。但日常开支仍然令创业的资金一天天在缩小——那都是他们昔日的“血汗钱”，这种趋势让人很心惊。在三个创业者看来，光做卫星接收器的销售和安装并无多少利润可赚，所以他们每一天都在寻找新的而且赢利迅速的项目，最终选择进入IP拨号器领域。

统一了思想，三个人豪情万丈的一猛子扎进去。但由于看好这个利润超高的市场，竞争对手纷纷跟进。拨号器的市场价格疯狂下跌，竞争很快变得更加激烈，竞争者大部分是转型的电话生产厂商和大通信公司下属的事业部、分公司，类似李建平这样白手切入市场的寥寥无几，从公司的背景、实力和行业优势来说，李建平的公司越来越吃不消。2011年4月，苦苦挣扎的李建平终于回天无力，没有了当初的豪情万丈，选择了关闭公司。

跟各位读者分享这个例子，想说的其实就是心态的问题。在人的一生中，能够为自己树立口碑的事不外乎两件：一件是做人，一件是做事。的确，职场中的80后管理者做人之难，难于从躁动的情绪和欲望中稳定心态；成事之难，难于从纷乱的矛盾和利益的交织中理出头绪。而80后管理者最能促进自己、发展自己和成就自己的职场之道便是立足现实。

80后管理者在职场中立足现实，说白了就是处理好做人和做事，就是要低调做人，高调做事，把自己调整到以一个合理的心态去踏踏实实工作，持之以恒。80后管理者立足现实，需要低调做人。

对于80后管理者而言，在职场中低调做人是一种进可攻、退可守，看似平淡，实则高深的处世谋略。低调做人最需要的就是立足现实，平和待人留余地。时机未成熟时，要挺住。人非圣贤，谁都无法甩掉七情六欲，离不开柴米油盐，即使遁入空门，“跳出三界外，不在五行中”，也要“出家人以宽大为怀，善哉！善哉！”不离口。所以，要成就大业，就得分清轻重缓急，大小远近，该舍的就得忍痛割爱，该忍的就得从长计议，从而实现理想，成就大事，创建大业。

80后管理者在毛羽不丰时，要懂得让步，低调做人，往往是赢取对手的资助、最后不断走向强盛、伸展势力再反过来使对手屈服的一条有用的妙计。这个时候的80后管理者往往需要在“愚”中等待时机，大智若愚，不仅可以将有为示无为，聪明装糊涂，而且可以若无其事，装着不置可否的样子，不表明态度，然后静待时机，把自己的过人之处一下子说出来，打对手一个措手不及。但是，大智若愚，关键是心中要有对付对方的策略。常用“糊涂”来迷惑对方耳目，宁可有为而示无为，万不可无为示有为，本来糊涂反装聪明，这样就会弄巧成拙。

80后管理者在任何时候，情分不能践踏。主动吃亏，山不转水转，也许以后还有合作的机会，又走到一起。若一个人处处不肯吃亏，则处处必想占便宜，于是，妄想日生，骄心日盛。而一个人一旦有了骄狂的态势，难免会侵害别人的利益，于是便起纷争，在四面楚歌之中，又焉有不败之理？80后管理者作为企业中层，应该具有容人之量，既然把任务交代给了下属，就要充分调动下属的积极性，让其有施展才能的机会，只有这样，才能人尽其才。

80后管理者还需要注意的是，不要揭人伤疤：不能拿同事的缺点

开玩笑。不要以为你很熟悉对方，就随意取笑对方的缺点，揭人伤疤。那样就会伤及对方的人格、尊严，违背开玩笑的初衷。面对别人的赞许恭贺，80后管理者也应该谦和有礼、虚心，这样才能显示出自己的君子风度，淡化别人对你的嫉妒心理，维持和谐良好的人际关系。讲话要有分寸，不要伤害他人。礼让不是人际关系上的怯懦，而是把无谓的攻击降到零。得意时要少说话，而且态度要更加谦卑，这样才会赢得朋友们的尊敬。要想在办公室中保持舒畅的心情工作，并与上司关系融洽，80后管理者就需要多注意自己的言行。对于姿态上低调、工作上踏实的人，上司们更愿意起用他们。如果你幸运的话，还很可能被上司意外地委以重任。

在保持低调的同时，80后管理者也需要适当的高调。这份高调往往体现在精神层面和做事层面。不论你遇到了多揪心的挫折，都应当以坚持不懈的信心和毅力，感动自己，感动他人，把自己锤炼成一个做大事的人。80后管理者需要激情，需要开拓，信心对于80后管理者做事成功具有重要意义。成功的欲望是创造和拥有财富的源泉，人一旦有了这种欲望，并经由自我暗示和潜意识的激发后形成一种自信心，这种信心就会转化成一种“积极的感情”，它能帮助人们释放出无穷的热情、智慧和精力，进而帮助人们获得财富与事业上的巨大成就。

很多企业崇尚先进管理理念，很多所谓的管理者大谈管理理论，在企业内部盲目推行模块化，其注重的是数字而不是实际，年初制订的计划导致年终无法完成。在管理实践中，求真务实是企业发展的本分，“立足现实”也应该是每一个管理者的基本出发点。

立足现实，因地制宜，适合企业的管理才是最好的管理。同样地，一个管理者能够立足现实，踏实工作，才能最大限度地找到自己的准确定位!

80后管理者需要在战术上因地制宜、因时制宜，在制订个人的管理提升发展计划时能扎根管理实践，又能以开放的心态大胆引进成功的管理理念，学习别人的经验，在工作中我们要不断地总结自省，为企业服务、为团队服务、实现我们的目标。总之，无论什么时候，80后管理者都不应该为自己寻找借口，只有尽职尽责，立足现实，才能实现理想，创造辉煌的职场人生。

第三部分

80后管理者如何向下管理

管理者通过他人去实现本人想要的工作结果，所以管人是管理者最重要的工作，而下属是管理者最主要的管人对象，因此从某个角度来说，走进企业中层的80后能否成为一个好的80后管理者，关键就在于能否管理好下属，能否打造属于自己的向下管理的艺术。

80后管理者首先需要具备以下的认识和自信，那就是“我是什么样子，我的团队和下属就是什么样子”。一个管理者或者团队领导者是一个团队的核心和精神支柱，我们常说的一头狮子带领的一群绵羊可以战胜一头绵羊带领的一群狮子，就是说明了管理者、领导者的关键作用。也就是说，80后管理者必须做到在其位、谋其职、担其任、负其责、享其利。企业为每一个员工都提供了平等演出的舞台，但这仅只是创造了外部环境，究竟你能不能表演得好，还得靠个人的能力。同时80后管理者不仅要能激发他人跟随你一起工作，以取得共同目标，而且还需要能创立一种机会和成长并存的环境。在这种环境下，每个人都想抓住机遇，做出显著业绩。在了解的基础上信任员工，给她舞台让她充分发挥。

还有，给下属指出奋斗的目标、帮助下属规划出其发展的蓝图、恰到好处的批评，等等，都是80后管理者向下管理的必学课题。80后管理者通过及时有效的沟通不仅能解决许多工作中现存的和潜在的问题，更能让团队成员知道团队需要他们，激发他们的工作热情，形成和谐的团队。

80后管理者必须了解团队中每个人有形的和无形的需求，尽力满足他们的需求或引导改变他们的需求。随着向下管理艺术的成型和这方面能力的加强，80后管理者管理的团队成员会更有活力、更有聚合力、更忠诚。

第六项修炼 塑造独特的人本管理风格

所谓人本管理就是基于科学的人性观基础上的“以人为中心”的管理，人本管理是文化管理运作和实践的核心，它要求理解人，尊重人，充分发挥人的积极性、主动性和创造性。作为一种现代管理方式，相对于传统的管理方式而言，它是一种根本性的跨越，是更高层次的管理方式。

人本管理的产生，是与组织生产方式的变化密不可分。在当代，组织的发展已经不再是生产规模的简单扩大，组织的竞争力突出地体现在科技、管理水平的高低，而科技、管理要素的主要载体是人。人是最积极、最活跃、最关键的因素，是创造力的源泉。人的主观能动性发挥得如何，直接关系到组织生产经营效率的大小和经济效益的高低。

“以人为本”，就是把人作为组织管理的出发点，把做人的工作、充分调动人的积极性作为组织管理的根本任务和指导思想。在组织中，无论多么先进的机器设备都是由人设计和操作的，无论多么优质的服务都是通过人的行为来体现的。尤其是当今一些新兴的高科技产业，许多公司几乎没有什么物质资产，公司的财富就是人——知识和创造能力。比如微软公司，没有高大的厂房，没有轰鸣的设备，高素质的员工队伍

才是其真正的价值来源。因此，人是组织中最重要的资源，是组织的第一财富。在这种情况下，实行人本主义也就成为组织管理的必然选择。正如索尼的创始人盛田昭夫所说："主宰企业命运的，正是我们企业的员工们！以人为中心开展工作就是我们的真谛所在。"

人本管理是管理之大势所趋，并非仅仅80后管理者所必须，只是80后管理者从一开始就必须理解和把握人本管理的思想。

一、亲和型——要润物细无声，不要狂风暴雨

很多新晋到管理岗位的80后也许还不是很理解什么是管理者的亲和力。所谓亲和力，对于企业而言就是要融洽领导与领导之间、领导与员工之间、员工与员工之间的关系，使三者成为好伙伴、好朋友，也就是说提升亲和力就是要构建和谐企业。领导者没有亲和力，企业就不会产生凝聚力，而没有凝聚力，高效团队就无从谈起，这"两力"对企业来讲，都是必不可少的。相对地，80后管理者如果没有亲和力，是不会成功的。

那么，80后管理者如何提升亲和力呢？

首先，80后管理者要晓得，亲和是一种近距离的感觉，这种近距离感可能来源于却不限于以下的某种可能性：一是本为在上者却能体谅你的苦衷，给你提供及时的帮助或者让你欣慰的理解；二是相处之中，本为在上者的行为做派让你引为同类或者同道；三是自己的行为做法或者心得想法得到在上者的格外肯定；四是在上者的行为做派中有丰富的感性成分，包括笑容、肢体语言、方言口音与个性故事，从而让你充分感受到他与你同为常人的那种感觉。

其次，80后管理者要知道这种感觉会激发下属引为同类的凝聚力，

亲和性领导不容易被得罪，多费口舌，而能给其他人以空间，给予别人以更多的肯定，这使得亲和性领导看起来低调，但可能会因为与其他强势领导的反差而获得拥护，这在年青一代公众中尤其存在着这样的潜力与可能。当你因为亲和而能更接近我们的合作伙伴与同事的时候，我们就能接触与了解到一些与我们平时远距离感受非常不一样的信息与沟通意愿。

相反地，什么会削弱领导者的亲和力？传统的威权会削弱亲和力的价值，很多在基层工作的人会有这样的感受，就是对于一般员工太亲和反而被有些人看成没本事的人。也有些员工因为长期被威权对待，也逐渐形成了一种受虐习惯，所以对于过度的亲和反而觉得不适应。

国内权威的领导力研究专家认为，关于领导者亲和力需要注意的另外一方面是，如果不能公平处事，仅仅使用亲和的技巧与权谋也不足以长期地维持凝聚力，因为人们会质疑利益分配模式以及自己获得的公平性机会，在人们的利益敏感性面前，权谋的存续周期是很短的。切忌切忌！

对于80后管理者来讲，他们的亲和力就是与员工打成一片，把员工当亲人，没有官腔，没有架子，没有敷衍。待人处事人性化，多发现下属的优点，多理解下属的难处，多帮助下属排忧解难。古语说：“君之视臣如手足，则臣视君如腹心；君之视臣如犬马，则臣视君如国人；君之视臣如土芥，则臣视君如寇仇。”

现实生活中有些80后管理者，生怕别人不知道他是领导，喜欢打官腔、端架子，没有半点亲和力。其结果是下属见了形同路人，有的下属与他打招呼，都懒得答理一声，难免使下属心生怨气。有时下属表面尊重，实际疏远，见面说话打哈哈，话到嘴边又咽下，不把真心交给

你，这样的领导者又怎样能够当得好呢？

亲和力是一个80后管理者应具备的基本素质，是领导才能的基础和补充。亲和力无论是对客服务还是对内管理都起着难以估量的促销、吸引、示范和鞭策作用，因此也最具影响力和号召力。客人在选定消费场所之前，需要权衡，需要选择，总有一些不确定因素，而在这种不确定因素当中，对企业的认同和喜爱将起主导作用。

宋亮是杭州某公司的一名80后主管，在部门内一向以好脾气著称，对下属的很多细节了如指掌。同事A家里有事，还没有向他请假，他就会主动找到这位同事，嘘寒问暖一番，让其先行处理。而且，他的主动关心言语亲切，虽然很多原则的事情上还是坚持制度维护，但是他的人文关怀还是打动了很多下属，下属们都对宋亮交口称赞："他特别好，特别能体贴我们。甚至有时我的事情来不及做，他也会帮着做好的。"不到半年，公司结构变革，宋亮凭借自己的亲民路线，一下子就得到了提升。

一个不具亲和力的人是没有吸引力的，说白一点，他在社会上的认可度、知名度、影响力都要大打折扣，从而对企业外围的经营和发展形成不利影响。在企业内部也是一样：没有亲和力的80后管理者，上层不满意，下属不开心，关系紧张，工作压力大，彼此形不成默契，人人处在一种隔离的状态中，导致管理跟不上，工作难顺畅，凝聚力难形成，感染给员工的情绪更难以愉悦，服务心情和服务质量自然可想而知。

对于80后管理者，亲和力的重点和难点在于对人的亲近。不可否认，亲和力的形成在很大程度上来自性格，天生不喜言笑，不爱交际，

自尊心太强，给自己亲和力的形成造成不少障碍，但既在位，就需谋其政。职责要求你具备亲和力，你就得想法达到。这里给出80后管理者一些关于如何提高自己亲和力的建议。

1. 倾听

倾听是获取声音的一种姿态，含有尊重、重视的意思。在企业，领导者能够经常倾听下属和员工的声音是双方都高兴的事。领导者能从声音中获取信息，了解情况，帮助决策；下属和员工能从倾诉里感觉自尊，明了位置，增加归属感和成就感。倾听应该是经常的事，不能心血来潮，不能漫无边际，更不能搞花架子，要形成制度。

2. 微笑

领导者常常教育员工时说，微笑是企业对客服务的生命，没有微笑就没有企业。那我们可不可以说，在管理中，没有微笑就没有亲和力呢？答案是肯定的。80后管理者不仅要做到面对客人的微笑，还要做到面对员工的微笑。前者是对外经营的需要，后者是对内管理的需要，二者缺一不可。把微笑列入亲和力形成的第一要点，自有其道理。

一般情况下，80后管理者与员工存在着管理与被管理的关系，这种既定层级决定了二者关系不可能太随便，但为了工作又必须亲近。亲近的主动权掌握在领导者手中，那就是微笑。微笑体现在时时刻刻：上班见面、工作途中、休闲偶遇，等等，凡是见面的场合都要用微笑鼓励员工走近自己、亲近自己。大多数员工对自己的上司都是有亲近感的，也是有意愿走近的，重要的是我们领导者用什么样的态度对待，下属则根据你的态度决定行动。

3. 谦逊

“稻穗是越成熟，头越低垂”。同样道理，人越伟大，越谦恭恳

切。只有那种半桶水的人，才会摆架子、自大。公司也一样，规模越大，从业员的态度，也应更加谦恭恳切，否则将破坏公司的信誉，也会受到社会的指责。——这是著名的管理大师松下幸之助在员工会议上的发言。

中国最早的典籍《尚书》指出："满招损，谦受益。"古今中外关于戒骄破满的论述不计其数。由此可见，骄傲是人类的宿敌，如果不战胜它，就会毁了我们自己。很多人认为，谦逊是一种软弱的性格特点——仅在我们想拿职业成功冒风险，并想容忍家人飞扬跋扈时才应表现出这种个性。要是让大多数人给谦逊下个定义，你或许听不到这样的字眼，诸如"成功""满足""尊重"，或最重要的是"人际关系"。然而，对将公司由优秀变卓越的那些谦逊的首席执行官来说，这些字眼却是极为重要的。

4. 沟通

在企业管理中，善于与人沟通的人，一定是善于与人合作的人。善于与人沟通的80后管理者，能用诚意换取下属的支持与信任，即使管理过于严厉，下属也会谅解而认真地执行；不善于与人沟通的80后管理者，即使命令再三，下属也不愿接受，其必然怠慢工作。这样的团队领导肯定难成大气候，难有大作为。

回过头来我们再看80后怎样当好具有亲和力的管理者？答案就是——"有容乃大，无欲则刚"，有多大的胸怀就能办多大的事。因此每个80后管理者要胸怀宽广，立足公司，放眼未来。卓越的80后领导者，要学会宽容。宽容是一种美德，宽容不会失去什么，相反会真正得到，得到的不只是一个人，更会是得到人的心。

二、民主型——“集思广议”则“广益”，不独断专行

对于民主型领导，80后管理者应该不会陌生，因为一个80后成为了管理者，其下属员工也大多都是80后，没有过大年龄差距的层级不需要太多的领导架子去维护稳定，而且有时候互相探讨取长补短也是很需要的，所以相互之间也就多了一些民主。对于80后管理者来讲，当一名所谓的民主型领导，就是指能与下属共同讨论，集思广益，然后再进行决策，要求上下融合，合作一致地工作。

那么，民主型的80后管理者有什么特征呢？

调查研究发现，对于民主型的80后管理者，所有的政策都是鼓励和下属共同协作的，很多决定也都是共同讨论决定的，而不是由领导者单独决定，制定的政策是领导者和其下属的共同智慧的结晶，分配工作时也会尽量照顾到个人的能力、兴趣和爱好。民主型的80后管理者对下属的工作不安排得那么具体，而是使个人有相当大的工作自由、较多的选择性和灵活性。民主型的80后管理者主要应用个人权力和威信，而不是靠职位权力和命令使人服从，谈话时也多使用商量、建议和请求的口气，下命令的仅占5%左右。同时，民主型的80后管理者会积极参加团体活动，与下级无任何心理上的距离。

在日常的团队管理中，公平原则往往被忽视，由此造成的人才流失、团队凝聚力下降、组织目标难以实现的现象屡见不鲜。如何把握公平原则、充分调动每个成员的积极性，是每一个80后管理者需要面临的首要课题。民主性的80后管理者，能够通过公平理论的学习提升团队凝聚力，同时也增加了自己的个人魅力。80后管理者选择公平，讲求双赢，对团队的建设是至关重要的。有效的团队往往是由跨功能、不同背景、不同部门的人员组成的协作体，通过相互补充、相互激发各自的潜力而完成特定的任务，从而提升士气和生产力。不论你是单一团队的领导者还是多个团队的管理人，团队管理工作都是你职权范围内一个重要的组成部分。

在今日，集多重技术于一身的工作方法已逐渐取代阶层式的、缺乏弹性的传统工作体制，团队合作因而很快就成了一种很受欢迎的工作方式。对于每一位参与团队管理工作的80后管理者而言，怎样才能有效实现团队管理、达成组织目标呢？答案还是发挥民主型管理的特长，坚守团队透明和公平的原则。华西村党支部前书记吴仁宝曾经说过："小材大用，基本有用；大材小用，基本没用。"这句话形象地道出了民主型的80后管理者对于公平原则的作用。因为被"小材大用"者虽然暂时不能完全胜任工作，但由于受到较大的激励，他一定很努力工作，经过一段时间的锻炼，就能做到基本胜任所在岗位的要求。而被"大材小用"者，因为不满意管理者的工作安排，对工作有抵触情绪，故而态度消极、心猿意马，逐渐产生离心倾向，也不愿好好地工作，甚至有可能会被竞争对手挖走，所以对企业来说就很可惜了。

寻求公平是人的基本权利，也是民主型的80后管理者所必修的一课。公平感是人类社会活动中的一种很自然、很重要的心理现象，它对人的工作积极性影响十分明显。公平能起到激励的作用，不公平会起消极的作用。人能否得到激励，不仅是他得到了什么样的报酬，更重要的是与别人相比，这样的报酬是否公平。公平的实质是平等、透明，它体现在对人格及其权利的尊重上。选择公平就有可能实现企业与个人之间的双赢，反之，企业与个人都会蒙受损失。

80后的民主型管理者在激励过程中应注意对被激励者公平心理的

引导，使其树立正确的公平观。一是要认识到绝对的公平是不存在的，二是不要盲目攀比，三是不要按酬付劳，按酬付劳是在公平问题上造成恶性循环的主要杀手。

王蒙是合肥工业大学2009届毕业生，来合肥光电所工作已有5年时间，并曾于年前被所里派到北京参加有关智能大厦建设技术的培训。在系统集成分公司成立之初，公司总经理曾力邀王蒙担任分公司的工程部经理，但王蒙想继续留在所里研发部发展，没有接受总经理的邀请。后因研究所改制企，王蒙被分流到系统集成分公司。此时，工程部经理的岗位已不再空缺，原本打算给王蒙安排技术部经理的岗位，可技术部没过多久就撤了，于是王蒙只做了工程部一名普通的职员。在所里研发部的时候，王蒙的工资是每月1000多元，现在公司每月只给他600元，而工程部经理的工资是每月800元，除此之外还有奖金收入等。而王蒙无论学历、资历在公司里都是最好的，况且王蒙所从事的工作有一定的技术含量，公司里暂时无人可以替代。可公司只给他普通员工的待遇，他觉得不公平，在找领导多次交涉未果后，愤然辞职，扬长而去。在此之前，曾有人给总经理建议说："小王是个人才，很有能力，应当重用。"可总经理却回答说："他有能力不用怪谁呢?"王蒙离去后，公司在一项工程竞标中的投标书被招标方打回，原因是标书不合格，而这项工作此前一直是由王蒙负责的，现在公司里的其他人都不精通这个，所以公司总经理的工作陷入了困境。

分析一下这个案例，王蒙之所以离去是因为他觉得自己受到了不公平的对待，他觉得不公平是因为与过去相比工资下降幅度较大，尤其是与其他同事相比也有较大差距。而公司总经理却说，他有能力不用怪谁呢？实际上，工作绩效取决于两个方面，一是个人的能力，二是工作激励的效果。谁都想把工作做好，人人都有上进心。“有能力不用”恰恰是领导的错，是因为激励机制不完善造成的，而不是别人的责任。

对于民主型的80后管理者而言，团队凝聚力强、公平感强的保证是透明和民主。要在工作团队内部建立一种平等的内部氛围，使每个普通的团队成员也能够参与团队的决策和管理。而这种参与的前提，民主型的80后管理者要做的是把决策的事情公开，在广泛听取团队成员意见的基础上再进行决策。坚持这一制度就可以保证决策公平，防止暗箱操作、个别人说了算。公开程度提高了，群众监督加强了，公平就有了可靠的保证。把握公平原则，还需要80后管理者有勇气和魄力。团队管理过程的不公平现象，说到底也是一种腐败现象，而消除腐败现象肯定会遇到各种阻力和压力。在涉及团队某些成员切身利益的一些问题上，必然会遭到他们激烈的反对。这就要求管理团队的80后管理者有敢于同不正之风作斗争的勇气和魄力，以公正无私的良好形象，树立正气，打击歪风邪气，从而激励大多数员工的工作热情，团结奋进。

三、领跑型——“给我上”不如“跟我冲”

在我所看过的影视作品里，《亮剑》无疑是我的最爱，可以说是百看不厌。主人公李云龙用他独特的人格魅力，不断演绎着自己的精彩人生。在作品里，李云龙的职务在不断变化，但是不论当团长、团副还是师长，有一点他始终没有改变，那就是站在最前沿、冲在最前面。当政委赵刚批评他师长不像师长而去当突击队长的时候，我们看到的是李云龙那舍生忘死、永不退缩的“亮剑”精神，我们也理解了这支队伍为什么人人敢拼命、个个逞英豪。

带兵的人，习惯喊“跟我冲”还是天天喊“给我上”，其结果必然有天壤之别。其实“跟我冲”这三个字虽然简单，但这正是一种精神的体现。近年来，铁路系统一直致力于以满足国民经济发展需要和人民方便快捷出行的改革创新。从青藏铁路建设到发展高铁再到即将推出的“三种速度”并开和“多渠道”购票。不难看出，铁路系统对于改革创新的决心是好的，但是在创新的过程中如何在细节上把握住关键问题、如何发挥铁路系统领路人的作用才是改革创新的关键问题。铁路可以说是联系着千家万户，希望铁路系统的干部能够像李云龙那样高喊“跟我冲”，在最大化满足人民群众需求上下工夫。

对于80后管理者的另一个很关键的要求就是，80后管理者必须以身作则，在遇到管理难题的时候，不是推给下属，而是自己带头，大喊一句“跟我冲”，然后带领团队一起解决。好的80后管理者是能够不断地提升自己的专业技能，关键时刻还能露两手服众。凡是自己做不到的事情，80后管理者不能要求别人去做，这是非常重要的一条原则。

在惠普，各级管理人员，不管什么级别的，都没有设立独立的办公室，大家坐在一起，平等相待。而且在这样一个环境当中，大家直呼其名。如果老总某天上班忘记了戴胸牌，也要像普通员工一样戴一个临时的胸牌。因此不管是谁，你只要没有戴胸牌上班，保安就不会让你进去，保安不会因为你是老总就放行，这是严格的制度。这就要求老总只有以身作则，处处做出表率，才有资格去管理好员工。

其实这是很简单的事情，但在很多公司都难以做到。为什么呢？从本性上讲，每个人都希望自己有特权，制定的规章制度最好是用来约束别人的，而不愿意约束自己，而惠普是能够做到这一点的为数不多的公司之一。各级管理者首先要约束自己，当革命革到自己头上来的时候，要坦然地接受。在中国惠普成立初期，为了适应中国的国情，破例为两位老总设立了独立的办公室，但是墙和门都是透明的玻璃，到后来，连这种办公室也取消了。现在，你如果去参观惠普办公室的话，你找不到老总的办公室，因为老总跟大家坐在一起，老总的特权象征已经不存在。

对管理者来说，凡是自己做不到的事情，不能要求别人去做。否则就不会赢得部下的尊重和信任。

成功的领导，在于99%的领导者个人所展现的威信和魅力和1%的权力行使，而这种威信与魅力，正是来自于领导自身的行为，这一管理的真谛对刚刚进入企业中层的80后管理者尤为受用。古语说："己欲立而立人，己欲达而达人"，这句话的意思是说，只有自己愿意去做的事，才能要求别人去做，只有自己能够做到的事，才能要求别人也做到。作为现代领导者必须以身作则，用无声的语言说服员工，这样才能具有亲和力，才能形成高度的凝聚力。

所谓以身作则，就是应该把"给我上"改为"跟我冲"，这样才能起到更好的教育激励作用。然而，现在有些领导者总对他的员工说："给我上。"可他们不明白，这是下下之策，真正的上上之策应该是："跟我冲。"

作为中层管理者骨干的80后管理者是一个团队的先锋，也是员工体会公司文化和价值观的第一个接触点，自己本身的工作能力、行为方式、思维方法甚至喜好都会对团队成员产生莫大的影响。80后管理者作为中层管理者，就一定要勇当下级学习的标杆。毛主席说过"榜样的力量是无穷的"，管理者要想管好员工必须以身作则。管理者要事事

为先、严格要求自己。一旦在员工心中树立起威望，就会上下同心，大大提高团队的整体战斗力。得人心者得天下，做员工敬佩的领导将使管理工作事半功倍。

第二次世界大战时期，美国著名将领巴顿将军就是这样的中层管理者。他曾经有一句非常著名的话："在战争中有这样一条真理：士兵什么也不是，将领却是一切！"一位领导干部感慨："职务每一次调整之初，常常有底气不足、力不从心之感，总担心难以服众。"做任何领导工作都离不开群众这个基础，如果不能得到群众认可、受到群众拥护，工作就会陷于被动。而"服众"与否，则取决于"出众"的程度如何。只有在学识、能力、品行等方面"出众"，才能赢得群众的理解、信任和支持。

对此，人才公司薄睿拓管培生曹志的经验值得参考。

曹志是个典型的80后，2009年从复旦大学研究生毕业后进入薄睿拓，现在已经是部门的主管。曹志讲，在带领员工的时候，你要非常坦率，不能只是让大家冲，而是要自己也参与其中带领他们前进。要实事求是地告诉员工他现在处在什么环境，他哪些做得好，哪些做得不好，同时要开诚布公地告诉员工他们的职业发展规划，他们现在工作的业绩，以及他们的差距在哪里，让他们迎头赶上。曹志还以百威英博人才公司为例，他们的做法是每年做两次一对一全面评估，每次时间是90分钟，老板会逐一评估每个员工表现，然后给他制订改进计划。

让员工变得优秀是领导者的天然责任。领导主要包括几方面的内容，首先，领导一定要能够带领自己的团队实现业绩；其次，领导必须能够在不同的地方复制团队的成功，而员工成功的前提就是让员工具有主人翁意识。要求员工有主人翁精神，要求员工对企业付出，但在工作目标和薪酬等方面却替员工作了决定，这是很多领导者想当然认为正确的行为，但薄睿拓并不认可这种领导者行为。

曹志在薪酬体系、绩效考核方面，让其下属的每个员工自己设定目标，自己进行考核，这也是薄睿拓其他80后领导的做法。年终的时候曹志的老板也会进行考核，但在老板进行考核之前是由员工自己先考核的。他们必须做出更好的决定，因为他们必须接受自己这个决定的后果。同时，为了和员工之间的互动，曹志要求自己和下属没有老板桌，没有老板房间，老板和员工们都是一起用一个大的桌子，这是在其他公司所看不到的。但曹志说，互动的环境可以让自己在任何时间按更好的方式同任何一个下属进行交流，他不想躲到房间把自己藏起来。员工随时可以找曹志说话，曹志也可以随时走过去和员工说话。

任何优秀的80后管理者都是好的导师，问他们是如何做到优秀这一点的，他们的回答无外乎都是说不管自己干，而且还能带领团队下属干。

四、辅导型——善于指点，而不是指指点点

指点，是在必要的时候给员工提供帮助，指出员工的不足，指导员工正确的思路与方法等；而指指点点，则是事无巨细，都要发表自己的意见，对员工唠唠叨叨不厌其烦。前者是帮助员工进步，员工会感激你，而后者则只会让员工感觉束手束脚，产生厌烦甚至叛逆心理，这是

管理者的大忌！

因此，作为一个管理者要把握好一个度，知道什么时候该给出自己的建议。例如，下属工作方法不得当时，作为管理者的我们应该及时给予纠正；当下属遇到难以解决的问题时，作为管理者，不能抱着看好戏的心态置之不管，而是要及时给予帮助，总之，我们的指点是要帮助到别人，而不是给别人带来麻烦！那么我们应该做到以下几点：

1. 及时指出下属在工作中的问题

有些80后管理者，因为害怕下属的表现优于自己，威胁到自己的位置，或者是怕引起下属情绪等，明明发现了下属工作中的问题，却不想或不敢指出，导致出现严重的错误。其实，这是非常错误的想法。俗话说强将手下无弱兵，如果你的下属办事不力，这不仅是他个人的问题，更是你领导无方，他的错误绝对也会影响到你的业绩！因此，我们要善于发现下属的问题，用适当的方法与言语并及时给予正确的指正！

T是刚上任不久的80后主管，他的徒弟Z挺不错。基础扎实、聪明能干，短时间内就承担了具体任务，并受到上级表扬，Z自己也觉得很带劲！

有次，T到异地出差，期间Z负责一篇技术文档写作，完成后发给T审阅。T看了文档，感觉很粗糙，不管模板、内容还是细节方面都不够正式和认真。

T于是给Z发了邮件，首先肯定了Z的工作，接下来他打了个比方：雕塑之所以展现给人们美感，是因为雕塑的每个细节都被处理得很好；如果只有个框架，那不过一堆泥，没有人认为它美，只有好的设想别人是看不到的。之后，T又给Z打了个电话，说工作应再踏实一些，要做好每一件小事。

Z当时觉得难以接受，觉得被泼了冷水。但后来冷静反思，认识到了做一件事就应该做好，不管大事小事。此后Z进步很快，转正以后即成为所在项目的骨干。

这个案例中不难看出，80后主管T不仅及时指出徒弟的问题，而且采用了非常巧妙的方法。从沟通形式上看，先发邮件再打电话，让员工有个自我反思的缓冲期，更容易理解主管的用意；从沟通语言上来看，用打比方而不是直接否定的方式，保护了员工自尊心，显然更能够让员工心悦诚服地接受。

事实上，只要本着真正为下属成长的心理，注意指正的态度与方法，给出合理的建议，下属是会理解管理者的苦心。

2. 启发下属思考，集思广益

我们曾在前面章节中，讲到过一个好的管理者是指挥者，去调动别人的积极性，发挥各自的才能，辅佐我们！所以，管理不是简单指挥，更不能让手下人按部就班地工作。身为管理者，我们要学会激发下属主动思考问题，去寻找解决问题的方法，要给下属更多的锻炼机会，让他们主动地去承担责任，多为我们提供有建设性的建议，充分发挥个人的专长！

小玲是婚庆公司的策划主管，婚庆行业竞争非常激烈，但是小玲所在婚庆一直生意不断，业内口碑极佳。除了收费合理，最主要的还是他们能够为客户提供多种方案，并且策划的婚礼也更加有新意，更时尚，所以深受年轻人喜欢！为了能够让自己的团队更加有竞争优势，不断地策划出更有新意的婚庆典礼流程，她知道自己的

力量是有限的，因此，经常组织大家开创意会议，并要求每个人在规定时期里做出一套有新创意的婚庆流程，无论是否成熟，只要有新意，她都会给予奖励，这样一来，团队就逐步形成了一个良好的创新与创意的自由氛围。

在启发下属思考方面，最简单的管理技巧就是“少说多问”，尽量让下属先说、多说，你只要适时地引导和总结就行。以下这些是80后管理者务必常用的开启员工大脑的提问之道：

√ 你（大家）觉得我们能做到什么程度？

√ 更进一步想想，为什么？

√ 你（大家）打算怎么做？

√ 你（大家）还有什么更好的想法吗？

√ 换个角度，还有其他的方法吗？

√ 你（大家）觉得哪个更合适？

3. 学会欣赏下属，及时鼓励少批评

很多80后管理者都向我反映过这样的问题，很多下属私下抱怨说：你凭什么管理我？你干吗管我？或者不要你管！可见，无论谁，多数时候都不喜欢批评和生硬的管理。

曾经有个经理人，因为下属做的方案和自己的想法有所违背，就批评他一无是处，之后那个下属就变得十分胆怯，再也不敢有自己的想法，完全按照领导的指示和想法做事。日久，其策划能力越来越差，也没有了自己的想法！

与其用批评打击下属，不如用建议帮助下属，用表扬激励下属！

根据著名人力资源咨询机构美世咨询的调查显示：99.4%的员工认

为，当工作出色时，领导的认同非常重要；69.1%的员工认为：工作立即完成，很短时间得到认同非常重要；58.8%的员工期望工作上出色被管理者亲自表扬，甚至在其他人或者集体场合面前公开表扬。

“奖励一个人，激励上百人”，这是80后管理学激励下属有效的手段。同时，为了维护和调动下属的积极性，这种奖励也应有适当的时效，有时一项任务完成很久了，员工还没得到应得的奖励，等到他得到奖励的时候，几乎早已忘了自己为什么得到奖励。为了避免这种情形发生，最好的办法是常颁奖，使员工在任务完成不久就得到奖励，切不可隔太久才给予奖励。

思科公司十分重视用奖励来激励人才留下来。在该公司的物质奖励中有一个“即时奖”，如果员工在销售中有超越平常的表现，那么他的主管随时可以在50～2000美元的范围内对他给予奖励。IBM公司有一个“金香蕉奖”。一天，一个年轻人走进IBM公司创始人汤姆·瓦特森的办公室，告诉他自己取得了一项了不起的成绩，瓦特森十分高兴，想好好奖励一下这个小伙子，结果找遍办公桌抽屉，也只找到一只香蕉，他就把这只金黄色的香蕉作为奖品给了小伙子。从此，“金香蕉”成为IBM公司员工取得成绩的象征。

除了及时鼓励，还要适度鼓励。及时和适度是互相联系，相辅相成的。适度原则的核心是激励和功过相一致。奖大于功或小于功，罚大于过或小于过都是不可取的，只有适度下的及时和及时下的适度，才能最大限度地发挥激励的作用和效应。凡事都有一个度，掌握不好度，就有可能出现过犹不及或火候不到的结果，这二者都是我们在管理中所不愿发生的。激励适度原则主要应注意以下六点：

一是，不能无功而赏，无罪而罚；

二是，不能功大而小赏，罪大而小罚；

三是，不能功小而大赏，罪小而大罚；

四是，激励的数量不宜太多，也不宜太少；

五是，不能赏罪罚功；

六是，激励适度还得具体情况具体分析，不可机械地进行赏罚。

因此，要想建立团队信心，激励团队的士气和斗志，让每个人都时刻保持着必胜的信念和昂扬的斗志。就请学会欣赏你的下属，及时肯定和鼓励他们的进步——很好！真不错！太棒了！请把这些句子经常挂在你的嘴边吧，你会发现，你的下属会在你的加油呐喊中跑得更快、更远！

五、变色龙型——顺势而为，手中无剑心中也无剑

变色龙最大的优点就是适应能力强，变色龙型的管理及领导风格，其本质就是不拘泥于固定的管理模式及套路，而是根据实际的管理环境，采取针对性的管理风格。

于部长是一个典型的80后变色龙型的管理者，对待不同的下属有着不同的管理方式。例如下属小张，工作能力强，但是心气高，又有些自以为是，因此对于小张他批评对于鼓励，与其沟通时要严谨、严肃，保持一定距离感，让其对自己产生一定畏惧与服从。当然也没有埋没其才能，多次交于重任，使其得以发展的空间，因此，小张既畏惧于部长听从他的管理，也感激于部长的信任与提拔；而下属小郑，则是比较内向，缺乏自信的人，但是于部长

知道，员工一旦建立起信任，忠诚度比较高，所以于部长主动找机会与其进行交谈，并且保持和善的态度，拉近与小郑的距离感，使其不要勇于表达自己的想法，每次对小郑的想法都给予肯定，并且鼓励小郑能够负责更多的工作内容，建立他的自信心！如今的小郑已经成为他最得力的助手。

我们看到，同样是一个部门的人员，因为性格与个性的不同，于部长给予了不同的对待态度，安排了不同的工作内容，但是其目的都是希望能够充分地发挥他们的价值！

百思买、宝洁、谷歌、The Container Store 和 W. L. Gore & Associates 等市场巨头正致力于打造个性化的人才管理方案，将每一名员工视为单独的劳动力来对待，力图使员工绩效最大化。在这些企业看来，每个人的能力、工作方式、喜好及工作动力都会有所不同，所以，用同一方式来管理所有的员工绝不是上策。在经济开始复苏的背景下，他们有效提高了员工绩效和生产效率，确保了较高的工作积极性和较低的离职率，并且着手招募了不少高效员工。

每一种管理方式无绝对的好与坏，关键是要因人实施。所谓变色龙型的领导，就是能将多种管理巧妙地结合，不拘于单一的管理模式和风格，做到对待不同的人，实施不同风格的管理手段！做到顺势而为，手中无剑心中也无剑。想要顺势而为，就要先掌握这个“势”。学会因人而异，因情况而异，采取不同的管理方法，使之更加行之有效！管理大师罗伯特曾经说过：“没有不合适的员工，只有不合适的安排。”这个道理也适用于管理，没有管不了的员工，只有不适合的管理方法！

事实上，常见的管理及领导风格不仅限于前面我们讲到的四种，之

所以把这四种单独展开，是因为对80后管理者而言，这四种风格是最值得掌握也是最容易发挥自身管理优势。

下面我们来看看常见的六种管理及领导风格：

√ 指令型——发号施令：直接下达命令，强势，不考虑员工感受；

√ 愿景型——蓝图激励：给员工描绘未来的美好蓝图，用愿景激励；

√ 亲和型——打成一片：没有架子，亲和力强，与员工关系融洽，以情感的力量感染员工；

√ 民主型——倾听探讨：主动倾听员工的心声，集思广益；

√ 领跑型——以身作则：身先士卒，严于律己，以榜样的力量影响员工；

√ 辅导型——教练推动：善于指正和辅导，帮助员工成长。

对于80后的管理者而言，虽然亲和型、民主型、领跑型、辅导型实际应用面更广更多，但也不能简单一刀切，要根据不同情况灵活选择，尤其是应根据员工的个性特质因材施教。

√ 力量型员工：个性张扬，能力较强，喜欢掌控，直接爽快，这样的员工适合“激他跑”，以“愿景型+民主型”为主，用愿景目标激励他，用民主自由释放他，就可以让其自动自发；

√ 活泼型员工：活泼开朗，积极乐观，创新随性，缺乏坚持，这样的员工适合“带他跑”，以“领跑型+民主型”，用榜样力量征服他，用民主自由释放他，就可以让其快乐坚持；

√ 完美型员工：成熟稳重，理性严谨，关注细节，犹豫谨慎，这样的员工适合“让他跑”，以“民主型+亲和型”，用民主自由信任他，用亲和温暖感染他，就可以让其快马加鞭；

√ 和平型员工：温和耐心，沉默被动，性子偏慢，不喜争抢，这样的员工适合“陪他跑”，以“指令型+辅导型”，用明确指令指引他，用指正辅导帮助他，就可以让其有效执行。

现在的企业劳动力形式正处于多元化的极致——不单就年龄、性别和种族而言是如此，而且还包括职业规划，文化习俗和价值观。作为管理者，对这一切要做到心中有数，将多种管理风格相结合，运用到管理当中。

当然这对一个管理者来说也是一种挑战，要不断地提高自身的管理技术，如，多看一些管理类的书籍，将管理技术应用到实际的工作中，在实践中积累经验。学会观察洞悉下属，我建议在这方面管理者们可以阅读一些心理学方面的书籍，也可主动多与他们交谈，试着总结他们的特点，尝试着用不同的方式与他们交谈，也许就会有不一样的收获！总之，要不断地提高自己的素养和能力，才能成为真正的随机应变的管理者！

总之，变的是风格，不变的是对员工人性的理解与把握。每个80后管理者都需要做一条变色龙，让自己成为顺势而为，手中无剑心中也无剑的灵活管理者，真正做到让管理因人而异，因事而异。

第七项修炼 在管理流程中践行人本理想

人本管理是当今管理的一种趋势，对于行走在市场一线的80后管理者而言，实施人本管理更是一种必然。人本管理有很多表现形式，日益成为企业管理新特色和主流的企业柔性管理，是人本管理的一种实践形式，它代表着新技术革命时代企业管理的发展趋势。人本管理实施步骤依次分别为：目的、目标、方法、过程和结果，他是一个成熟的方法论，给出了人本管理实践一个完美的操作规范。

企业柔性管理强调感情管理、塑造企业文化、推行民主管理、重视人才培训、人才资源开发；强调组织的柔性化，如由集权向分权的过渡，金字塔形向大森林形组织过渡，组织机构的弹性权变设置等；强调战略决策的柔性化，如增强战略的灵活性，实行弹性预算、推行滚动计划法；强调营销组合来吸引消费者，刺激购买，实现销售；强调生产的柔性化，如制造业采用柔性生产线来组织灵活生产、突出多品种、小批量、适应市场变化的产品；强调利用高新技术进行管理，如资讯技术带来的管理资讯系统，办公自动化等使管理具有更灵敏、快速的特点；强调视觉标识管理。

柔性管理是企业人本管理的一种风格，但实际上，风格其实仅仅是

一种观念，或者说是管理的模式。要真正体现人本管理的风格，关键还在于行动。如何在管理的具体流程中体现人本管理的思想，“五步流程”给出了一个完美的操作规范。

一、目的——“为什么做”比“做什么”更重要

作为管理者，你是否有过这样的想法，如果下属都能像自己这样努力认真地工作，而不是事事都要我督促、催促，那该多好！其实，这个可以有！之所以我说这个可以有，是因为人所特有的主观能动性！人的主观能动性又称为自觉能动性、意识的能动性，是指认识世界和改造世界中有目的、有计划、积极主动的有意识的活动能力。如何调动下属的主观能动性，是一个成功管理者的必修之课！

我们反思一下，自己的管理方式是不是简单的下达任务，或者只是告诉下属该做些什么事情。员工按照我们布置的任务机械地去执行，不知道自己为什么要这样做，也就不会主动去思考怎样才能做得更好，只要按要求完成任务就好。

心理学研究表明：人的积极性行为有其形成的规律，从其产生的心理机制来看，它由需要—动机—行为—目标四个阶段构成。从中我们可以看出，目标并不是促使人们发生行为的主要动因，而是需要。需要是人的积极性行为的基础和源泉。由于需要的驱使，使人产生动机，从而引发人的行为。那么，我们应该将我们的目标转化为下属的需要，也就是，由简单命令他们“做什么”，转为引发他们清楚自己“为什么做”！这样就会使他们产生内在的驱动力，进而更加主动积极地去“做什么”。

成昌鞋业是一家小型的生产型企业，厂长庄辉煌是个80后管理者。成昌近几年来，一直注重科研技术方面的投资，就是希望能够长久地与一二线品牌鞋企形成更加深入的战略合作关系。在市场上，也能够有自己的一片天地。庄辉煌在企业与战略合作品牌企业的发展上，做了多年的经营。而有序的订单安排和战略性的寻找品牌合作企业，更能让成昌鞋业在同行业之中，显出其独具魅力的竞争优势，而说到管理经验，庄辉煌谦逊地表示，其实自己在对待员工的福利政策和管理团队上并没有什么特别之处，成昌鞋业一直以来强调和看重的，都是给予团队员工最根本的实惠。

“让他们看得到在成昌这个企业里，自己能够获得成长和发展的希望曙光。”作为一个80后的庄辉煌如此表示。成昌从员工的发展前景来考虑，一直致力于投资技术研发方面，让更多的品牌鞋企成为成昌的战略合作伙伴，让企业能够稳定地可持续发展，是成昌当前的重要目标。而成昌能够吸引员工的福利分两种，一是硬件基础设施的完善，二是企业的发展前景，而成昌给员工的正是后者。所以，成昌的企业文化就是给员工一个有发展潜力的职业规划。

在庄辉煌看来，无论是企业还是员工，都要放眼自己的长远发展前景，因为“为什么做”远比“做什么”更为重要。第一时间为员工做好他们的职业规划，使企业的各个团队不仅会替企业赢利，也让他们与企业共同成长，对于成昌而言，无疑是企业责任感的体现，也是庄辉煌这位80后管理者的大智慧。

在很多重大任务开始前，高明的管理者都会召开一个动员大会，其重要作用就在于，给员工讲清楚为什么要承担这个目标或者任务，满足员工的知情权与参与感，把领导的目标、团队的目标变成员工自己的目标，从而激发员工自动自发的工作动力和热情。

那么到底如何实现这个转换的过程呢？电视连续剧《亮剑》中有一个精彩片段，为了补充兵力，把俘虏就地转化为我方的兵源，政委赵刚用了5分钟，成功说服了所有的俘虏，让他们群情激昂、心甘情愿地加入到我方的队伍中来。我们来看看赵刚都说了些什么？

赵刚："我今天不是来训话的，我是来和大家认识一下，顺便呢聊聊天，我叫赵刚，论年龄呢，恐怕比诸位大一些，就算是个兄长吧，诸位都是我的弟兄，都不要拘束，有什么就说，有什么问题就问。这位兄弟，你是哪个部队的？"

国军甲："报告长官，我是第五军的。"

赵刚："你呢？"

国军乙："报告长官，我是十八军的。"

赵刚："都是好部队啊。"

国军甲："长官真的这么认为吗？"

赵刚："没错，我这么说是有根据的。就说十八军吧，淞沪会战时和日军王牌部队十一师团在罗店交手，打出了中国军人的威风。六十七师师长李树森将军负重伤，二零一旅旅长蔡炳炎将军阵亡，部队伤亡过半。可是十八军呢，没有一个部队擅自放弃阵地后退，没有一个士兵临阵脱逃。第五军也是好样的。当年血战昆仑关，和号称钢军的日军第五师团交战十三天，击毙日军二十一旅团少将旅团长中村正雄，就冲这个，我赵刚佩服。"

国军甲："长官，你还记得这些？"

赵刚："不光是我记得，我相信，所有具有爱国心的中国人都会永远记住你们在抵抗侵略，争取民族独立的战场上所建立的功勋是谁也抹杀不了的。我刚才说了，第五军和第十八军都是优秀的部队。事情走到今天这一步，责任不在军人，而在于蒋介石的独裁政府。抗战胜利后，各民主党派要求成立联合政府，通过广泛的民主选举选出执政党，共同治理国家。可是蒋介石政府呢，要搞独裁，压制别的党派。在政治上搞法西斯的统治，把中国变成警察国家，连社会名流的生命安全都得不到保障。闻一多先生和李公朴先生被暗杀，这就是个例子。在经济上，蒋介石政府要维护四大家族的利益，民不聊生，通货膨胀。这样一个独裁、腐败、黑暗的政府难道不应该推翻它吗？古人说，纣无道，起而伐之，庆父不死，鲁难未已，弟兄们，现在是到了决定一个民族前途的时候了，每一个有良知的中国人都应该作出自己的选择。我赵刚的选择是要民主，要自由，推翻独裁统治，打倒法西斯独裁政府，建立一个人民当家做主的新中国。弟兄们，你们中间啊，有一部分人的家乡在我们的解放区，你们知道吗，解放区的老百姓正在搞土地改革，所有的穷人都分到了土地，你们的亲人来信了吗？"

国军乙："长官，我来自山东的，我们的家乡也在分田，我家分了八亩地，还分了一头牛呢！"

赵刚："那我祝贺你啊，兄弟，你们家从此有盼头了，有了自家的土地，给一座金山也不换呐。可是兄弟，咱们有了土地，人家蒋介石不干，总想方设法要给抢回去，咱怎么办呢？"

国军乙："那我就跟他拼命。"

赵刚："说得好，我们要拿起枪保卫胜利果实，跟他拼命。弟

兄们，我不勉强你们，现在，有谁愿意回乡种地的，我马上给路费开路条，有愿意留下来参加解放军的，我们一律欢迎，从今往后，我们就是兄弟，同志和战友。弟兄们，你们可以选择。”

国军乙：“长官，我们哪也不去，就跟着共产党干了。”

众国军：“对，跟着共产党干了。”

仔细分析赵刚的话不难看出，其中遵循了动员工作的一个基本套路：

第一步，拉拉家常——上来先放下身份和架子，大打亲和牌，嘘寒问暖话家常，迅速拉近距离；

第二步，拍拍马屁——回顾和肯定国军的曾经战绩，用尊重感动俘虏们，赢得更多好感；

第三步，聊聊意义——从不同角度全面深入地剖析了为什么要跟着共产党干，最终成功说服众人。在剖析为什么的角度中，既讲到了与个人的关系（分田分牛），又讲到了与全局（国家、民族）的关系；既讲到了现在（分田分牛），又暗示了未来（新中国、子孙后代的幸福生活）；既讲到了好处（分田分牛），又讲到了不跟着共产党干的后果（分了也被抢走，生命安全没保障）。

而这个套路，其实就是我们80后管理者在给下属做任务的动员沟通工作时可以借鉴和遵循的基本套路。

二、目标——马拉松长跑的“省劲模式”

所谓目标，就是做事要达到的结果、标准和程度，它的本质是回答“做什么”的问题。在目的动员后，管理就会进入第二个环节，即给员

工设定合理的目标，80 后的管理者在这个环节应注意什么呢？我们先来看一个故事。

有这样一位 80 后青年满怀烦恼去找一位智者，他大学毕业后，曾豪情万丈地为自己树立了许多目标，可是几年下来，依然一事无成。他找到智者时，智者正在河边小屋里读书。智者微笑着听完青年的倾诉，对他说："来，你先帮我烧壶开水！"青年看见墙角放着一把很大的水壶，旁边是一个小火灶，可是没发现柴火，于是便出去找。他在外面拾了一些枯枝回来，装满一壶水，放在灶台上，在灶内放了一些柴便烧了起来，可是由于壶太大，那捆柴烧尽了，水也没开。于是他跑出去继续找柴，回来的时候那壶水已经凉得差不多了。这回他学聪明了，没有急于点火，而是再次出去找了些柴，由于柴准备充足，水不一会儿就烧开了。

智者看了看，将一壶开水全倒了，重打了一壶冷水，说："你再帮我烧壶开水好吗？"青年看了看剩下的不多的柴，摇了摇头："烧不了了，四周能找的柴都被我找来了，剩下的这点柴不够烧开一壶水。"智者什么也没说，将水壶里的水倒掉了一大半，然后交给青年……青年若有所思地点了点头，一会儿就将水烧开了。智者接着说："你一开始踌躇满志，树立了太多的目标，就像这个大水壶装了太多水一样，而你又没有足够的柴，所以不能把水烧开，要想把水烧开，你或者倒出一些水，或者先去准备柴！"青年恍然大悟。回去后，他把计划中所列的目标去掉了许多，只留下最近的几个，同时利用业余时间学习各种专业知识。几年后，他的目标基本上都实现了。

显然，目标太多等同没有目标，因为员工的精力是有限的；而如果目标太大太长远，很多员工就容易产生疲倦、厌烦甚至丧失信心，所以聪明的马拉松运动员都知道，要想让长长的马拉松比赛变得更“省劲”，就必须掌握相应的规律和技巧。

feedsky 飞递公司是一家提供网站 RSS 处理、分享、管理的知名托管服务商。他们一直反复向员工灌输观点，希望每一个员工都能将个人发展与公司未来结合起来。

公司要求员工将一年的目标任务切分到每个月，甚至每周，每一项小任务都与相应的回报承诺相连，在任务完成后立即兑现，并且制定相应的制度，透明执行。这样，公司的每一位员工前面都有一块看得到的蛋糕，只要努力工作就可以得到。而公司也会创造一切条件帮助员工在目标期内完成。

显然，飞递公司的做法更好地调动了员工的主动性与积极性，从而有效地保障了目标的实现。

1982 年，罗森沃德出生在德国的一个犹太人家庭，少年时随家人移居北美，定居在伊利诺伊州斯普林菲尔德市。中学毕业后，罗森沃德到纽约的服装店当跑腿，做些杂工。而正是从那时候开始，罗森沃德有了“我要当一个服装店老板”的想法，这也是罗森沃德的奋斗目标。

为了实现这个目标，他除了在工作中留心学习和注意观察市场动态外，还把全部的业余时间都用于学习商业知识，找有关的书刊阅读。他一边到服装设计学校去学习，一边进行服装市场调研，特

别是对世界各国时装进行专门研究。一年后，他对服装设计很有心得，对市场走向也看得较为清楚。

到2004年，他已经有些经验和小额本金了，决定自己开家服装店。他先在芝加哥开设一间只有10多平方米的服装加工店，他的服装店除了展出他亲自设计的新款服饰图样外，还可以根据顾客的需求对成品服饰予以改进，甚至完全按顾客的要求重新设计。因为他的服装设计款式多，新颖别致，再加上灵活经营，很快博得了客户的欣赏，生意十分兴旺。而且，80后的他对下属也实行人本的管理，员工很清楚罗森沃德要做什么，要做成什么样，也深知自己在罗森沃德的企业中要成长为什么样，能得到什么，所以罗森沃德的服装店和员工都始终向一个方向努力。两年后，罗森沃德把自己的服装加工店扩大了数十倍，并把服装店改为服装公司，大批量生产各种时装。成为了一个80后管理者的典范，也兑现了自己对自己、自己对员工的目标。

以下四大策略能帮助80后管理者更精准地进行目标的设定：

策略一：制定要参与——多问问员工“你觉得自己能做到什么程度?”让他能真正参与到目标的设定中来；

策略二：标准要得当——因人而异，少用“一刀切”的绝对标准，多用相对标准来鼓励员工，让员工学会首先和过去的自己比，只要每天都在进步就是成功；切忌用管理者自己的能力标准去要求下属；

策略三：目标要分解——难事成于易，太庞大的目标容易使员工望而却步，把大而难的目标分解成小而易的目标能让其更有自信，更能获得成就感，同时也能提升员工对每个小目标的新鲜感，从而保持其热情；

策略四：回报要挂钩——目标分解了，完成目标的回报当然也要同步分解，这样才能增强员工的成就感，满足一些员工更看重短期和现实回报的一面。

三、方法——允许个性化

管理者一旦设定了目标，接下来的第三个管理环节就是，如何帮助员工围绕目标制订科学合理的行动计划，而在这个环节中，80 后的管理者必须换位思考，事先预估到员工可能存在的心态及需求，以我过去的管理经验来看，以下几种情况的员工是 80 后管理者必须预先估计到的：

√ 喜欢表现，迫切希望证明自己的价值；

√ 不喜欢墨守成规，更喜欢挑战；

√ 急功近利，希望有更快捷有效的方式；

√ 崇尚自由，渴望被重视、被尊重，希望有自主发挥的空间。

显然，这些心态集中透露出一个核心的员工需求——授权。这对于 80 后的管理者而言确实是个挑战，要不要授权？授多大的权？如何授权？这都是需要慎重考虑的问题。

某高科技公司 80 后主管 N 带了徒弟新员工 H。经过初步的学习和指导，N 决定给 H 布置一个任务，完成一个经典的题目，一方面考察其技术能力，另一方面也想看看 H 对所学内容的理解。

H 领到任务以后，虽然觉得比较难，不知如何做，但是出于自尊觉得应该自己想办法解决，而且可以表现一下自己，于是就一个

人闷声不响地冥思苦想。

过了很长时间，N忙碌中猛然发现H还没有任何进展，经过与H了解才知道H对这类问题根本没有经验，超出了其能力范围。

时间浪费了很多，N很是懊悔当初没有仔细了解一下H的情况再安排合适的任务，而且认识到自己认为经典的东西未必适合别人。

从这个案例中不难发现，主管N最大的问题就在于对新员工H进行了盲目的授权，只是交代任务，而对于H能否完成、如何完成任务，都没有事先进行任何的指导，导致耽误时机。

万科在业内一向以宽松管理著称，我们来看看他们究竟是如何有效授权的。

“给予员工充分的信任与授权，你会发现，他们的创意会让你瞠目结舌。”万科负责“新动力”培训的员工关系专员杨彦与80后员工有着频繁的接触，“实际上很多一线公司都非常大胆地启用一些80后，在他们就职几个月时间内会把一些大的项目交给新人”。

而为激发他们的积极性，万科还建立了创新联盟，该联盟由无边界的跨部门小组，不同专业不同岗位组成，每年要提出一些创新提案。经过评估，这些创新提案一旦被采纳变成现实的生产方式或者管理模式时，可以得到高额的奖励。通过这种方式，万科也尝到不少甜头。创新联盟曾研究出一种涂料的配置方法，既达到节能的指标，还帮公司节省了680万元的成本。

这是一个极力推崇个性化的时代，之所以推崇个性化，是因为凡事没有绝对的对错，解决问题有很多方法，个性化有助于发散思维，有助

于多角度看待问题！每个企业都有自己的特有的文化，每个管理者都有自己的独特管理方式和方法，那么为什么不能允许个性化的员工呢？作为视个性化为追求的价值观之一的80后管理者，就更应懂得尊重别人的个性发展，是多么重要的事情！

快速成长并被委以重任是所有职场新人的梦想。张杰就曾抱着这样的职业理想进入盛大网络，他是盛大网络2008年的80后管理培训生，做过客服工作，也担任过高管秘书，最近她的新职位是盛大旗下某公司的总监，主管一块重点业务。像张杰这样的管培生担当重任的现象，在盛大已越来越多。

盛大网络的“管培生”制度从2006年开始以来，经过6年的不断创新和持续培养，共为盛大集团及旗下业务公司培养了近200名优秀的储备人才。目前已经有相当数量的一部分人在各公司的重点业务中担任管理工作，成长为公司的中流砥柱。据盛大培训发展部负责人介绍，盛大为这些管理培训生们量身打造了一整套的培养方案。从进来9个月的重点岗位轮岗，了解公司核心业务；到覆盖了他们从入职第一天到一年的培训需求，包含课堂培训、指导人带教、实战成长三部分，全方位多手段帮助这些职场新人快速成长。

除了日常工作中的一对一指导，近两年来，盛大还特别推行了“高层带教”制度。高管与管培生们一对一“结对子”，管培生每周向带教高管发送工作心得或学习报告，高管会及时提供指导，此外，还会给他们的职业发展提供建议和意见，全面关心每一个员工的个性化发展。

以下四个步骤能帮助80后管理者更有效地在员工行动前进行合理

周密的授权。

步骤一：双向沟通：问问员工“你打算怎么做?”充分聆听他的想法与建议，一方面展示民主与尊重，一方面也乘机摸清楚员工的底细，进而判断该员工是否有能力承担你的授权；

步骤二：积极指引：告诉员工“我们过去的成功经验是这样的：一、二、三、四、五等，你可以参考借鉴”，这样一来，你只是在给员工提供积极的指引，但没有限制和强迫他一定要按你的办法来；

步骤三：合理授权：提醒员工“如果你有更好的方法和思路，请你在行动前务必先来和我沟通一下，我们一起看看哪个方法更合适。”这么说的目的是提醒员工，你授予他的只是建议权而不是决策权，避免员工擅自行动；

步骤四：明确底限：向员工强调你对于最后结果的标准和要求，比如完成期限、成本、质量、数量等具体标准，无论如何，结果不能改变，避免员工轻举妄动，增强员工责任感及风险意识。

“一花独放不是春，百花齐放春满园”。企业允许员工个性的存在，并不是仅仅让某一名和几名员工“一枝独秀”，而是要让员工在共性的因素作用下“百花齐放”，打造企业员工共性与个性的和谐，实现“春色满园”的企业繁荣。每一个人都有自己的性格、自己的思维方式、自己的表达方式等，我们作为一个管理，不能扼杀他们的个性，使整个团队如机械般单一思考与执行的方式，那么是十分不利于他人的发展与才能施展！

四、过程——过程不好结果一定不会好

授权下去了，员工开始行动了，这时管理者的任务就进入了第四个

环节，即对员工行动的过程进行有效监控与辅导。虽然说过程好结果不一定就完全好，但过程不好结果则一定不会好。在这个过程中，80后的管理者要特别注意以下几种常见的员工在执行中的心态：

√ 喜欢表达与表现，容易言重于行，做表面工夫；

√ 容易报喜不报忧，延误和掩盖问题；

√ 不注重细节，责任意识不强，侥幸心态；

√ 领导自己都不一定能干好，凭什么让我干？

如何预防以上问题的产生，确保过程的有效性，从而最终确保结果的达成，这是过程管理的核心。

2001年，朱立伦在时任国民党主席连战"钦点"下参选并当选为台湾桃园县县长。彼时桃园县是一个"烂摊子"：失业率居高不下，民众外迁，企业凋敝，地方县府入不敷出，年度财政缺口高达109亿元新台币，举债总额更达到185亿元新台币。

朱立伦曾表示，管理县府最重要的就是执行力，一个企业或团队能否成功，30%靠策略，40%靠执行力，剩下的就是运气。据说，朱立伦的行事风格以"雷厉风行"著称，他还经常"无预警"出现在县内各派出所、卫生所、户政事务所"查勤"，并跟民众聊天，所以桃园县公务员都知道"县长随时会来借厕所"，无人敢打混。从此，桃园县年年都得到岛内评选的服务质量奖。

他很快在桃园县拿出了漂亮的成绩单：几年间，桃园县由财政赤字大户变成全台招商第一名，税收由600多亿元新台币猛增到2000多亿元新台币，22个工业区的年产值和利税占全台湾的1/5。

朱县长之所以能在短时间内迅速提升桃园县的公务员系统执行

力，有两点值得我们借鉴。首先，作为一县之长，他抓住了工作中的主要矛盾，提出40%是靠执行力，善于抓住关键环节。其次，他亲自下基层抓执行风气，用“无预警”的方式随时检查督导，迫使下面的职员不得不随时随地提高责任心以防被县长抓住“小辫子”。

如果说朱县长善于抓关键点和细节，随时发现问题，那么，一旦发现问题后，管理者该如何有效处理呢？

以下四个策略能帮助80后管理者更有效地在员工行动过程中进行有效的过程管控。

策略一：关键点管理。对任务进行分解后，抓住执行中的主要环节、主要阶段、关键节点，进行关键点的阶段性回顾与小结，适时引导与斧正，防止目标出现偏移，避免到最后才发现问题；

策略二：突击性督察。没有规律的突击性检查和督促，给予员工适当的压力，提高员工自律性，防止所谓“上有政策、下有对策”，避免员工临时抱佛脚做表面功夫，也便于随时发现真实的问题和细节，永远记住：员工不会做你所要求的，他们只会做你所检查的！

策略三：多建议少批评，多辅导少代替。通过检查一旦发现问题就应及时斧正，但要讲究技巧，多用建设性的意见来代替直接的否定和批评，“如果再……的话会更好”，多说这样的话会让员工更乐于接受你的指导。切忌不辅导员工而是越俎代庖：你不给员工自我改错的机会，员工就永远不会成长，最后累死的只有你自己。

策略四：必要的时候学会身先士卒。在过程中一旦发现员工的执行意愿不够强烈，而采用了各种激励和鼓劲的语言都无效时，就必须马上改变策略，用行为代替语言，不要再依赖口头的鼓动，而是实实在在以身作则行动起来，用榜样的力量感染员工。

五、结果——没有功劳，也有苦劳

员工的任务完成了，留给管理者的最后一个管理环节就是，如何公平合理地对员工的工作结果进行总结与评估乃至奖励。论功行赏当然无可厚非，但俗话说，没有功劳还有苦劳，有些绩效不太理想的员工可能也会抱有这样的心理，因此，功劳和苦劳如何划定、如何平衡就是一门学问了！

绩效考评是一个企业衡量员工工作情况的重要方法与手段，促进员工不断进步与发展的有效标准。有考评，就有相应的赏罚。而在赏罚过程中，一定要做到公平对待。处罚能够有效减少员工犯错的概率，而奖赏能够有效地调动员工的工作积极性，让大家清楚，多劳多得，付出就会有回报，而不是做好做坏都一样！

唐燕是某服装加工制造企业的生产线线长，一位80后的管理者。该企业的员工绩效采取计件工资，按员工完成加工服装的件数多少和质量奖励员工。这种本该是最简单的奖励方式，却让唐燕演变成了一场风波。

唐燕是湖南人，为了照顾湖南同省的老乡，唐燕在月度奖励上做起了文章。对于计件工资，件数一目了然不好挑出问题，于是唐娇就从质量上下手，对于湖南姐妹们的工作，唐燕交口称赞，对于其他员工的工作，唐燕鸡蛋里头挑骨头，总是会找出一大堆的问题，而这些所谓的“问题”其实都是质量控制范围内的问题，不

存在所谓的绩效不合格。几个月下来，湖南籍的员工大多都能拿到较高的绩效工资，而其他员工多半绩效工资很低，这在员工当中产生了极大的负面情绪。员工纷纷私下抱怨，认为做好做不好都是被挑剔，开始消极怠工，甚至产生了成帮离职的现象。

终于，随着30%的员工离职，老板发现了问题，辞退了唐燕，事件才最终得以平息。

一个坏的评估会导致员工产生消极行为甚至赶跑员工，而一个好的评估，则能更好地留住和激励员工。

张婕是浙江一新能源企业的基层员工，由于该企业为国有企业，她总是下意识的认为自己没有背景，再努力也不会有出头之日，于是安于现状，每天消极怠工。几任领导对她批评教育，她都不以为然，反而破罐子破摔。

2011年年底，一位通过公开招聘进入该能源企业的职业经理人成为了张婕的领导，该职业经理人是个80后，与前几任领导有很大不同，他务实、干练，给张婕留下了深刻的印象。一次，部门举办技能比赛，该技能是张婕多年工作积累下来最擅长的，张婕手到擒来的完成，但她心里知道，得奖的不会是自己。最终的结果出人意料，得奖的不但是自己，而且在领奖的时候，经理在她耳边轻声说“张婕，我就知道肯定是你得奖，别人都没你做得好”。

听到这样的鼓励，张婕热泪盈眶。从此，张婕开始努力改变自己的绩效，重新焕发出动力和热情，积极学习和改善，最终成为部门的明星员工。

由此不难看出，对员工进行合理的结果评估与奖惩，是80后管理者必须学会的一项基本功，在这个过程中，来不得半点马虎和私心。

以下三个策略能帮助80后管理者更有效地优化对员工工作结果的评估，让员工心服口服地接受你的绩效评价和反馈。

策略一：没有功劳也有“苦劳”：既然没有功劳，不能奖励，那就至少用语言鼓励下你的员工吧，这样至少对你的员工是一种同理心的安慰和认可，你大可以拍着他的肩膀真诚地告诉他：“虽然结果不是很理想，但我知道你已经很努力了，所以别气馁，让我们来看看下次如何做得更好?”

策略二：结果考核“三化”：首先是“阶段化”，一项任务的完成都有个时间周期，有时候员工最后的总结果可能不太理想，但分解到不同的时间阶段来看，你总是能找出员工的某些闪光点，这种切分到不同时间段分别评价的方式，能让员工感觉更客观公正；其次是“阶梯化”，员工的能力与禀赋多少都会存在差异，你不能要求所有的员工都是明星员工，所以，你需要谨慎合理地评价那些禀赋相对偏弱而导致绩效不太理想的员工，可行的策略是，与同一水平层次的员工相比找他的闪光点，与略高一水平层次的员工相比找他的改善点和提升点，这样一来，你就能尽量照顾员工的自尊，给予他们更多优化和改变自我的信心；最后是“多维化”，即不要简单地只用最后的绩效来评估员工，学会从不同的角度全方面地评价一个员工的付出和努力，比如他积极的态度、良好的协作精神、对考勤制度的良好执行等，只要你愿意，你总是能发现员工的更多闪光之处。

策略三：三明治法则：大家应该都知道三明治，它上下都是面包，中间夹的是肉、蔬菜、奶酪等，这样的做法能确保你一口咬下去，中间

最营养的部分不会随便掉落。再说说刮胡子，刮胡子为什么要先给人涂肥皂水呢，就是为了刮起来使人不痛。在给员工做绩效评估与反馈时，你可以借鉴这种技巧，用两个肯定与表扬，中间夹一个意见和建议，做到忠言也“顺耳”起来，让员工更容易听得进你的意见和建议。

总之，结果的评价与反馈是整个管理五环中最后的一环，也是临门一脚的关键一环，作为80后的管理者，一定要注意掌握相应的策略与技巧，尽可能客观、公正、全面地评价和奖赏员工，通过考核与评价本身，达到总结、优化、提升的效果，促进员工及团队绩效的不断提升。

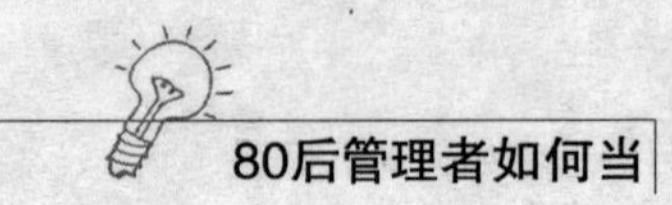

第八项修炼　如何管理不同年龄的员工

60后也称为“60年代生人”，字面意思是指在1960年1月1日至1969年12月31日出生的人群，这一代人经历过动乱时期，却大多数都是恢复高考后第一代接受高等教育，并且首先把握住改革开放良机来发展自己进而取得巨大成就的一代人。他们身上有明显的保守和沧桑感，但是却是目前中国社会实实在在的成功一代和中流砥柱。

70后是80后一词的派生词，字面意思指在1970年1月1日到1979年12月31日出生的人。这是一代伴随着中国社会体制转型而成长起来的一代人，只是这代人的个性特征并不像80后一代那么明显，而更像20世纪60年代人的特征。

80后一词来源于国际社会学家们讨论社会发展时的一个指代名词，是指国家依法执行计划生育后所出生的一代人（计划生育发展的新阶段1979年至今）的代名词。以此讨论中国有史以来第一次用法制限制人类生育后所面临的问题及20世纪80年代以后所出生的独生子人群所面临的生活、成长、文化发展问题，故而在80后这一代人身上具有鲜明的改革开放带来的彰显个性的时代烙印。

90后是80后的派生词，类似的是指1990年1月1日至1999年12

月31日出生的一代中国公民，有时泛指1990—2000年出生的所有中国公民。90后可以说是信息时代的优先体验者，由于时代的发展和变化，90后的思想与理念与老一辈中国人有很大的不同。

不同年龄的员工有不同的特点，对于不同年龄阶段的员工，从一开始，就要建立起有利于管理的“惯性”，有利的“惯性”一旦形成，就会大大弱化管理过程中的年龄分别，极大地强化管理者的职能色彩。

一、年龄不是距离，策略才是问题

江山代有才人出，各领风骚数百年。这句诗形容市场经济下的企业管理团队也十分贴切。眼看80后已人至中层，企业一大部分60后、70后职员却因文化素养不高、综合能力不全面等原因，不得不沦为80后的下属，教育、价值观等不对称因素带来的诸多管理矛盾越来越多。60后、70后对80后很是不服，最普遍的抗拒心理就是“我走过的桥比他走的路还长，他还在我们面前臭显摆”。

80后管理者也会觉得同龄的80后和新生代的90后难以驾驭，有时候也摆谱拿架子以显权威。可真的要是针尖对麦芒，必然是两败俱伤。80后上司和80后、90后下属不能抱着“谁怕谁”的心态硬顶，大家都是给企业做事的，用不着斗得你死我活。管理是一门艺术，尤其是双方有各种各样的代沟时，管理者与被管理者都应调整。

其实年龄不是距离，策略才是问题。80后管理者要想做好对老一辈的60后、70后的管理，以及对新一代的80后、90后的管理，在策略上需要对路，笔者建议80后管理者不妨从以下几个方面入手：

1. 要大公无私

AA制的付费已经在相当一部分80后群体中形成了习惯，也是非常符合人性化的科学支付方式，甚至婚姻里面很多80后都主张AA制。但60后、70后难以理解，在这些大龄下属面前，尽量不要均摊埋单，需要主动埋单还要埋全单。

老板给自己的奖金不要独吞，认为是自己应得的。拿出一部分分配给下属，再请他们去撮一顿，共同分享胜利的喜悦，这一点对于80后和90后的下属尤为重要。评优评先，要积极为80后和90后下属争取，必要时让出本属于自己的荣誉，他们会觉得你很有领导风范。

2. 要讲究方法

在分配一项具体的工作时，会有两种不同的表达形式。你可以说“你明天下班前必须把这件事情做完!”也可以说“让你做这件事情是因为你比我跟其他人更专业，更有经验，相信你会在明天下班前很好地完成!”

同样是布置一项工作任务，前者会让60后、70后很难接受，产生严重的反抗心理，任务很难完成；后者带着尊敬与褒奖，下属一定会完成得很好。

80后管理者大多缺乏处理事情的技巧与尺度。处理事情前，充分想好沟通的态度、语言的组合，就不会招致太多的反对意见与情绪。

3. 要善做思想工作

管理者要能体恤下属，洞察民情。如果作为销售部的领导，明明知道公司分配的销售目标有点偏高，要与他们——尤其是80后和90后下属深度沟通，才能得到支持与理解。销售任务没有如期完成，不可动不动就妄加指责。做一次长聊，答疑解难，矛盾就会自然化解。善解人意的领导会让下属对你心存感激。

4. 要深谋远虑

80后学习能力强，观念也很新颖，思路也很开阔，可普遍不习惯深度思考。要让60后、70后下属觉得你很成熟稳重，就要深思熟虑。出台的政策要反复推敲，直至无懈可击。一场大型的促销活动、一次经销商联谊会、一个总结会，都需通过多次论证，把所有环节安排得错落有致。每个步骤都有条不紊，每项工作分工明确，每种物料准备毫厘不差，每个细节井井有条。这些都能显示出你的规划能力、预见能力、统筹能力等综合素质。

5. 要遵守原则

会有不少80后管理者对60后、70后尊敬过度，为了顾及他们的面子，争取他们的支持，放弃原则，在是非对错问题上缩手缩脚。有时对违规违纪的行为睁一只眼闭一只眼，有些甚至让他们在自己面前讲条件，制定的政策朝令夕改等，这些都是没有原则的表现。

过度忍让就是懦弱，一个缺少刚性的管理者永远得不到下属的尊重，更甚至于80后、90后的下属都对你失去尊重。没有原则性往往是领导者的致命缺陷，也是对下属的放纵，对老板的极端不负责。处理问题，要有理有节，有根有据，赏罚分明，刚柔相济。只要你这么做了，他们非但不会记恨你，还会认为你有魄力，有立场。

现如今，80后管理者越来越多，在政府中80后的处级干部也比比皆是，科级干部更是不胜枚举，美国还有80后的国会议员呢！这些都是时代发展的趋势。但是趋势归趋势，80后管理者同样要保持“空杯心态”，不断地学习进步。随时要有职业危机感，自己处在什么样的职位，又赋予了怎样的职责都要有清晰的认识。对于60后、70后下属，以及80后、90后下属对自己所处的岗位定位要很清晰。无事生非是寻衅滋事的根源，空虚是庸人自扰的内在原因。

80后管理者想想吧，你辛辛苦苦、不知疲倦地工作是为了什么？一方面是为了自己与家庭能有安全的生活保障；另一方面可能还于心不死，宝刀未老，期望通过自己的努力能够得到进一步的晋升，获得更好的社会地位与收入回报。明确了工作目的与愿景，你在为谁工作？有了这种境界，你的下属是60后、70后还是80后、90后等现实问题，就不是困惑80后管理者你自己的问题了。

二、如何管理60后的“老员工”

国内知名的咨询公司AMT企源咨询的一名咨询顾问曾经讲过这样一个故事，一个业务横跨三个省份，年销售额近2亿元的老员工客户找到这个咨询顾问向其诉苦：其现在有200多人的员工队伍，但随着业务越做越大，他面临的一个问题是，60后的老员工越来越不服管，这让他烦恼不堪。他应该怎么办？

相信很多走过创业期的老板在把企业做到一定的规模后，都会面临这样的问题，此时的60后老员工应该怎么办呢？笔者的建议如下。

1. 建章立制，规范行为

在企业突破创业期或者生存期转入发展期后，就会面临着一个瓶颈，这个瓶颈就是企业快速发展与对60后老员工管理的脱节或者脱离，最后造成什么样的结局呢？由于创业期老板大多跟60后员工一起成长，老板与60后员工称兄道弟，结果老板的权威难以树立，待企业公司化管理时，这些60后老员工就直接成为规范化、制度化的“革命”对象，这就会让接受老板授权的80后管理者推行公司化管理面临难题。这个时候，80后管理者要想摆脱这种现象，就必须真正去做企业的公司化管理，这里之所以说是真正的公司化管理，是因为很多企业徒有公司化管理之名，规章制度流于形式而没有其实。而80后管理者如果不能真正地建立一套对所有员工都能够有所约束的规章制度，那么，管理60后老员工将是一纸空文，因此，企业必须构建起一套“公平、公正、公开”的人人平等的规章制度，同时，80后管理者必须要求企业老板自己也要带头遵守，以此威慑那些敢越“雷池”的60后老员工。

2. 授权授责，利益捆绑

很多60后老员工之所以无事生非，那是因为有可能他们真正“闷”得慌，因此，需要搬弄些是非，以此提醒自己的存在。在这种情况下，作为80后管理者，一定要帮助老板转变“大当家”的职责定位，推动老板成为一个战略家、规划家。

80后管理者在帮助企业管理60后老员工的时候，需要将更多的具体事务交给这些老人去打理，让他们“连轴转”，要实现这个目标，80后管理者就必须要求老板授权。对于跟着老板一起走过来的60后老员工，由于老板知根知底，不用担心会出现很大的风险，因此，80后管理者要说服老板适当的大胆给予授权、授责，当然还有受控，通过给予其更多的责任，让其承担更多的工作职责，让其充分地发挥其能力。当然，责任大了，自己的收益也应相应扩大，不能抱着“还想让马儿跑得快，还又不想让马儿吃草”这种思想，只有给其提供足够的有挑战力的薪酬标准，他们才能更安心而得到一种心理平衡，才能让他们与企业捆绑，而一直走下去。

3. 强化考核，优胜劣汰

一个企业发展壮大的过程，就是一个不断地淘汰落后员工的过程，60后老员工企业也不例外，过度地纵容、宽容、包容那些“落伍”的

老员工，就是对其他优秀员工的一种打击与排斥，因此，60后老员工企业必须按照考核制度，用业绩说话，对于业绩较差而一段时间内得不到提升或改善的，必须要按照考核制度，给予职务及其薪酬、奖金等方面的处罚，对于业绩一直很差，态度恶劣，而又不思进取和悔改的，必须亮起考核的“大棒”，果断地予以降职、降级，下岗或者待岗，严重的要予以开除，以“杀鸡吓猴”，起到警示的作用。同时，这个考核必须是针对所有人的，不能给60后老员工任何的例外或者打折扣，一旦对60后老员工过于“宽厚”或者“放纵”，执行管理任务的80后管理者就必然面临一切的规章制度流于形式的窘境，就会让公司化管理仅余“空壳”，而让企业陷入恶性循环，80后管理者只有做到“胡萝卜加大棒”，才能规范和约束老员工的行为，才能让他们在考核面前收敛，从而让企业按照流程化、制度化的轨迹向前发展。

4. 培养新人，威慑老人

一些80后管理者之所以害怕管理60后老员工，甚至担心被管理的60后老员工“失控”或者“跳槽”，一个很主要的原因也许就是因为团队梯队建设不够，人才缺乏，以致让60后老员工感觉无人可以替代，行为处事飞扬跋扈。因此，80后管理者需要不断地根据企业业务发展的需要，不断地引入适合自身发展阶段的新的职业经理人，不断地培养一些后备人才。“流水不腐，户枢不蠹”，通过人才的进出，威慑老员工，促使其有压力感，从而珍惜工作的机会，摆正自己的位置，更好地为企业作出更大的贡献。

总之，80后管理者面对60后老员工，不能“一棍子打死”，应该在充分地肯定其为企业带来的贡献的同时，实施人性化的管理，给予其应得的利益与关怀，同时，也给其相应的“紧箍咒”，以让其成为企业

的一分子，而不是游离于企业之外，只有80后管理者找对了管理的思路，变指挥、命令为流程化、制度化，不断地引入优秀人才，60后老员工才能安分守己，企业也才能突破发展困局，更好地稳健前进。

这里跟大家分享一个例子，这个职场的故事发生在北京的某民营企业。

刘洋是一个科技型民营企业的80后部门主管，在他的部门中，有一位资历很深的技术专家，是个60后。在一开始，这位技术专家完全不给刘洋面子，甚至私下里说自己吃过的盐比刘洋吃过的米还多，弄得刘洋不知所措。后来几个回合下来，刘洋渐渐地摸到了门道，学会了如何管理这位60后员工。首先，刘洋工作中对事不对人，公是公私是私。工作上一码归一码，只说事，从来不针对性地批评这位老员工。刘洋不断地告诉自己，对老员工即使是自己的部下也要给予充分的尊重，教育指导老员工先褒后贬，批评时尽量选择单独对面的场合，对老员工不在公众场合批评，除非是特殊严重事件。同时，遇到问题刘洋还积极主动地和这位老员工沟通，询问老员工的意见，甚至很多生活中的事情也和他做交流，私下里也经常和其他下属说要多向老员工请教。一来二去，这位老员工觉得自己被尊重，很是受用，对刘洋也就言听计从了。

三、如何管理70后的“半老员工”

关于80后管理者如何管理70后的“半老员工”，在探讨这个话题前先和大家一起分享一个例子。

王坤是一家公司的销售主管，他是一个标准的80后狂民，虽然他的业务能力很强，但是公司大领导给他配备的销售人员却让他一筹莫展。部门8个人，全部是70后，最小的一个也比自己大4岁。他在新办公室里再也不能狂放不羁，每次大声说话都会招来异样的目光。再加上王坤喜欢只看业务成绩，很少考虑在与70后员工沟通时的语气，也很少倾听70后的员工解释业绩没有完成的原因。这样不可避免的就引起了他这个80后上司与70后下属之间的矛盾，甚至有的下属借口跑业务外出瞎逛或者处理私人事务，严重影响了公司的销售业绩。

之后，王坤改变了自己的管理方式。他采购了一台咖啡机放在办公室里，并主动用买好的咖啡豆磨了第一杯，再用机器打个奶泡，闻到香气四溢的咖啡，办公室的每个人都坐不住了，不大的茶水间，顿时挤满了人。一杯咖啡做好大概需要15分钟，就是这15分钟，成了这位聪明的80后管理者和员工交流的最好机会。在茶水间的交流总让人没有顾忌，大家有问题了都喜欢去坐坐。甚至还有员工在咖啡机旁贴上了便条“比星巴克好喝”，一台小小的咖啡机，带来了部门里的人情味。从此，王坤和70后下属们之间的隔膜开始慢慢融化。

事实上，70后一般没有60后的可能存在的油滑与丰功伟绩，当然也没有80后那股创新与个性，但他们普遍家庭和经济压力更大，是社会上戏称的“苦逼的五有中年：有房贷要还、有车贷要还、有老婆要养、有孩子要养、有父母要养”，因此，他们普遍责任感更强，而且也渴望事业能有所突破，抓住青春和理想的尾巴。

当80后管理者遇到70后手下时，我觉得这是值得高兴的事情！如

果作为一个80后管理者，抱怨70后由于比自己年长，资历深所以很难管理，则说明你没有学会领导艺术！

张雷是某上市软件公司的软件开发部门经理，80后的他有7年大型软件公司的开发项目经验，一履新就得到了高层的大力支持。该公司软件开发部门有很多有资历的软件开发工程师，70后的李国华就是其中的一个。李国华来到该软件公司有4年了，也做过很多项目，但领导觉得李国华技术有余但沟通组织能力不足，所以一直没有得到晋升。

对于新上任的部门经理，李国华完全不在乎，内心也总是觉得自己作为大人家一轮的长者，天天听一个小年轻的指示实在挂不住脸，所以总是抵触张雷并心存敌意。张雷一而再再而三地被李国华“罢工”后，张雷也意识到，李国华对自己是心存抵触情绪的。于是，张雷开始想办法，努力改善和李国华的关系，一方面，张雷敬重李国华的专业能力，另一方面，也尊重李国华是一位长自己的年长者。

发现李国华的情绪不对后，张雷开始有意识地安抚李国华，他深深知道，只有李国华这样的70后下属能够稳定工作，部门的军心才能稳定。于是，张雷开始频繁地找李国华探讨软件开发技术问题，起初李国华还爱答不理的，后来感受到了张雷的诚意，李国华渐渐有了缓和。

一次，张雷语重心长地说“李哥啊，有你在部门我心里踏实多了。说实在的，我虽然是部门经理，但是毕竟年轻，有你这样有资历有能力的前辈是部门的福气，公司的福气。很多事情和你商量一下，我就明白多了。”这样的一次对话，将李国华心里的芥蒂彻

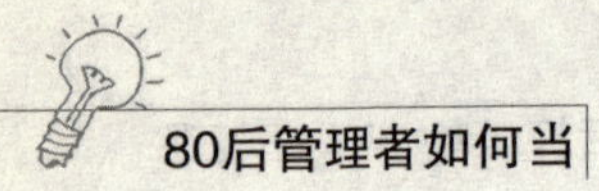

底扫除了，李国华心存感激，从此以后开始端正自己的态度并反省自己以往的不当做法，加倍努力工作，成为团队的核心力量。

70后的确比我们资历深，多少都会对我们有些不服气，只要我们对他们多一些真诚、多一些了解、多一份尊重，用自己的工作热情点燃他们对工作的积极性，激发他们最大的潜能，用我们自己的工作成绩折服他们，倾听他们的意见与建议，给他们更多的机会，相对于经验缺乏、个性张扬的80后，以及安稳、圆滑、恃才傲物的60后，70后其实更容易成为我们的得力助手、成为团队中的中流砥柱！

四、如何管理80后的“同龄员工”

在中国，互联网行业无疑是80后员工最为集中的行业，由IT168、泡泡网、车168、汽车之家等几家领先的行业垂直网站整合而成的澳信传媒就是这其中的一员。澳信传媒不仅在高级管理层中已经有了80后成员，而且从HR负责人、中层管理层到普通员工，绝大多数都是由80后构成，80后员工在公司中的比例超过了80%。那么，这些80后是如何去管理80后的员工的呢？我们不妨看看澳信传媒的做法。

1. 创造更符合80后价值期望的环境

澳信传媒人力资源总经理杜宏表示，80后的员工最大的特点莫过于年轻人的活力与干劲，以及其特有的对待新鲜事物的方式。在澳信传媒这样年轻人聚集的公司，他们似乎特别能跟上任何时尚潮流。“对于新鲜事物，80后的年轻人用其特有的方式去接受和面对。他们以快乐为导向，做着他们喜欢做的新新人类，他们热爱的是旅游、聚会、消费、出其不意的极度搞怪以及强烈的自我实现。也正是这样，我们公司才会更容易获得快乐的元素和新鲜的空气。”

80 后员工的这些特点给 HR 工作带来的挑战是，公司需要创造出更符合 80 后员工价值期望的环境，以更大程度地激发他们的潜力与干劲，满足他们的自我实现。只有这样，才能将他们的全部潜能转化为团队的优势和胜势。

随着时代的发展，90 后也开始走上工作岗位，80 后的员工群体也发生着变化。80 后现在比较鲜明地分为了“前 80 后”和“后 80 后”，其中“前 80 后”经过时间的历练，已经开始具备更加成熟的心智，逐渐在类似澳信传媒这样的年轻型企业中挑起了大梁；而“后 80 后”在重新经历“前 80 后”走过的路途，用快乐去实践自己的成长。

“前 80 后”一代在职场成长的整体速度明显超越了以往一代职场的成长速度，这是市场经济发展和进步的一个趋势。这种趋势也更加鲜明地提出了怎样满足年轻人价值取向的问题，只有做好了这一点，企业才能更好地直面这一挑战。

2. 拒绝论资排辈

为了应对 80 后员工对价值期望的核心需求，澳信传媒采用的措施比较平滑地涵盖到人力资源的各个环节。

在招聘阶段，公司非常关注候选人的价值取向，看它是不是和企业期望比较吻合。员工加入公司后，公司会要求各层级管理者或团队领带者随时关注所属团队成员的状态、反馈。尤其是针对刚刚进入这个团队的员工，公司采取了每半月一次书面评分报告的方式实施监控。

与此同时，澳信传媒鼓励所有员工积极发挥放大自己的价值和扩充自己的知识内涵，比如他们可以以讲师的身份分享自己的知识体系，也可以以学员的身份参与公司每周组织的各类培训。通过这些活动，他们可以积极放大自己的价值覆盖和价值内涵。

科瑞国际是一个知名的人力资源服务机构。有一次，科瑞国际的一位80后猎头主管将一个任务交给了4个员工，要求他们共同负责完成，这4个员工都是资历比较老的员工。结果，没有一个人真正愿意为领导着手做事，即使要求他们开会讨论，大家也应付了事，下班时间一到，4个人就立刻下班回家了。后来，我们的这位80后主管把任务分配给了一位80后的员工，并告诉他这项任务的重要性以及可以创造的学习机会和价值，结果这个员工连续两天加班到半夜，第三天就提交了工作结果。可见，要想让80后员工体现其能力，首先应该拒绝论资排辈，给予他们充分实现价值的机会。

3. 关注80后的成长并给予指导

为了留住这些80后骨干员工，澳信传媒主要采取了以下两种措施：一是通过打造立体的保障体系，尽可能地减少他们的后顾之忧；二是创造更多的机会让他们获得更多成长的空间。这就好比一个气球，在一个盒子里越吹越大，当大到一定范围都碰到四周的盒壁时，就需要有一个更大的盒子，否则就难以让这个气球获得更大的价值呈现的机会。

而决定80后员工能够脱颖而出的，是三个主要因素：职业精神、专业素养、举一反三的领悟能力。职业素养是成为一个优秀职业人的最低标准。有责任心、踏踏实实做事才可能成为职场的闪耀者。专业素养则是脱颖而出的必备条件。要在所有认真工作的人中间与众不同，只能是你具有更高的专业水平和大局观意识。举一反三的领悟能力是决定提升速度的因素，从一些工作的案例中，能很快发现一个具有潜力的年轻人的领悟能力有多强，相对强的人自然会更容易、更快地获得重要工作的机会。

4. 创造坦诚、平等的沟通环境

针对80后员工个性张扬、偏情绪化的特点，更多的是通过一些潜移默化的方式去疏导，通过一些细碎的事情给大家合理宣泄情绪的渠道。比如建立包括篮球、足球、羽毛球等在内的运动俱乐部，为大家定期组织体育活动，并开展联赛；比如在不同部门有一些不定期的小活动释放大家的压力，转移注意力；比如有一些"BT墙""展示墙"之类的位置供大家展示自己的一些作品、成果等不同内容，这种措施使得他们能比较自然地宣泄情绪。

除了这种潜移默化的疏导，日常的沟通工作也非常重要。其实任何一个企业的人力资源部门在工作中遇到的最大问题，可能就是寻找到一个最恰当的资方与劳方的平衡点，并保持这个天平的平衡。对于80后占大多数的团体，80后员工们对自身价值和利益需求的理解更深一步，他们衡量自己的东西不会局限于薪酬这么简单，他们更想知道，自己在这样的环境中能得到什么。这个过程中，资方需要掌握相应的信息，人力部门则必然要倾听员工最真实的声音，最迅速反馈双方的需求与意愿，最适当找到解决方案。

在互联网企业，沟通已经变成了随时随地的事情，公司已经拥有一个相对立体的沟通模式。澳信传媒的员工上班都采用了即时通信的工作软件，每一位员工随时都能找到自己需要沟通的人。当沟通的技术问题不存在问题时，企业的焦点应该转移到沟通的质量和效率上来，因此人力资源部要去建立的是一个坦诚、平等的沟通环境，在这里没有层级、没有面具。

其实对所有人，无论几零后也好，只要抱着一个服务的心态去交流，就是正确的姿态。80后管理者去管理同龄的80后员工，要善于帮助他们解决困扰他们的问题，从而让他们每个人都更好地发挥自己的价值。

五、如何管理90后的“新新员工”

算算时间，2008 年首批 90 后进入大学，2012 年已经迎来毕业高峰。逐渐长大的 90 后们纷纷踏入职场，他们的登场既带有鲜明的时代特征，又令众多管理者们多了不少困惑。

经常可以听到很多的管理者大倒苦水，面对 90 后大胆甚至不可思议的世界观、价值观的时候都摇头叹息——如今的 90 后，实在太难管了！

广东大参林相关负责人介绍，目前的 90 后员工已经占到一线总员工数的 20%。如何管理他们成为了摆在企业管理者面前的又一个新课题。同样类似的困惑也存在于河南南阳隆泰大药房，其公司最近新开的门店又走了两个员工，而且又是刚进公司不久的 90 后员工。面对此景，河南南阳隆泰大药房人力资源部的 80 后负责人显得颇为无奈。

同样的问题，深圳好易点电子有限公司同样面临着。好易点电子有限公司目前的员工 80% 为 90 后员工，他们叛逆、张扬，动不动就请假，时不时就打架，让管理者实在头疼。再加上之前的基层管理者大多都是刚刚提拔上来的 80 后，管理经验相对不足，使得基层管理者与基层员工的矛盾日益突出。

那么，80 后管理者究竟应该如何管理作为“新新员工”的 90 后呢？

1. 了解与尊重

90 后是一个特殊的群体，身上有着深刻的时代烙印：独生子女、高等教育改革、高校扩招、时代变革、市场经济、东西方文化的大冲突与大融……时间在流逝，90后在成长，不少企业中的90后已经逐渐成为企业的基层主体。有网友调侃，如果说80后拒绝加班，那么90后则是拒绝上班。

少了紧迫感、多了随意性的90后，同样具有80后的创新思维和满腔激情，同时也给企业带来诸多管理挑战，集中表现在对企业的“忠诚度”普遍不高、集体意识较弱，以及承受挫折能力不足等问题。随着时间的推移，企业面临着这样的尴尬选择需要用人，但是却实在不知道如何运用这批特殊时代的“新新人类”。

某知名公司人力资源部门负责人介绍到，从2011年开始，公司招聘的新员工中90后员工已经占据主流，然而顺利通过实习期后，因为待遇、团队融入度以及主观性等各种因素，有60%左右的90后员工陆续离职，而这些员工离职时间大部分又集中在正式入职后的1~2个半月。离职理由也是五花八门，诸如主管领导管得太严、上班时间过长、吃饭时间短等。

90后的教育背景、家庭背景和社会背景造就了他们的性格特点：个性张扬、敢于表达、充满朝气、理解能力极强。但是，也存在着责任心弱、个性比较强烈、吃苦耐劳的精神差、比较注重享受、合群性相对较差、较为自我等不足之处，因此必须要了解与尊重他们，顺应人性需求，适当引导，方能扬长避短。

与以往任何时期的管理不同，企业需要开始思考全新的人力管理方式，90后更追求自我价值和工作体验，而现在很多连锁企业人力资源管理还很落后，仅限于传统的人事管理办理手续而已，如果没有现代人力资源管理的理念和相应的行为措施，将会陷入“招了又走、走了又招”的恶性循环。企业只有真正地走近他们、了解他们、尊重他们、鼓励他们，方能管之有效。

2. 用“薪”不如用“心”

90后员工需要的其实并不多，用“薪”只能达到员工满意，用“心”才能达到员工的敬业。以前处在中国人口出生高峰期，劳动力供应充足，企业可以为所欲为，不注重员工培养、培训，仅仅抽血。现在可使用劳动力并不充足，员工开始追求企业给他们的未来投资，所以注重并做好员工培训的企业才能留人。一些优秀企业内很多实习生都是免费的，他们追求的是个人成长和未来发展，当工资不是工作的最主要需求时，许多企业就不知该如何应对了。

的确，90后父母大多是70后，大部分家庭经济条件不错，甚至有不少家庭经济实力非常强的富二代出来工作，糊口已不是最重要的工作目的。

浙江药通是一个规模不大的民营企业，唐娇是这个企业的一名普通的90后员工，但是和大多数90后员工所不同的是，她的上司是一位非常努力和勤奋的80后。这位80后经理刻苦、关心下属，不断带领下属追求成绩、一起讨论工艺改进，结果，这位80后经理最终得到了浙江药通董事长张俊峰的肯定，而唐娇也得到了升迁，做到了销售主管的位置，浙江药通董事长还曾在不少会议上多次赞许过其吃苦敬业的精神，说他能在短时间内独立、高效、超额地完成业绩。

张俊峰对手下的这对80后管理者和90后员工的组合评价是，很多年轻员工刚刚踏入职场，工作经验不够丰富，能力不够强，导致很多时

候他们的想法和建议经常会被轻易否定和拒绝。可是尚且年少的他们不知道怎么处理，一般就会认为自己得不到应有的尊重与认可，当多次遭受这样的经历之后，便有一种强烈的挫折感，进而会做出一系列管理者看不懂的事情来。这是80后的特征，也是90后的特点，所以让80后管理90后，很重要的一点就是这个80后管理者能够让90后员工最有价值的部分发挥出来。员工在企业的创造力发挥程度，更多的来自其主观能动性，而主观能动性的激发则有赖于直接管理者及其企业环境。

80后管理者需要慢慢找到应对90后员工的管理方式：他们喜欢直来直去的沟通方式，因此尽量减少一些中国传统式的矜持和迂回，而采用更加简单、明确甚至直爽的领导方式，效率反而会更高，也更容易为他们所接受；90后人群更加追求年轻化和个性化，因此针对他们的组织安排和管理方式就不能一概而论，尽量营造轻松一点的氛围并留下适当的张弛空间，避免一刀切的管理。

3. 激励与培养

80后管理者用好90后需要重点做好激励与培养，对90后员工的成长和未来担当负责，主要从以下三个方面入手：

一是传帮带。作为一个优秀的一线团队，其文化层次、年龄结构都要进行合理搭配，以老中青三种年龄段结合最为适宜，因为团队主要是看大家能否竭尽全力地把工作干好。一般来说，一线人员的主要考核方式是绩效，岁数大一些的业务人员大多是当地下岗人员，这些人往往会因为珍惜这份工作而“不用扬鞭自奋蹄”。由于年龄大的人工作勤奋、能吃苦，在团队中会给年轻人起到一定的表率作用，而现在刚刚走上工作岗位的年轻人普遍缺少的就是这种吃苦精神和抗挫折能力，团队中的年龄组合不但让大龄人的吃苦精神弥补了90后的不足，还会成为他们

言传身教的老师。

二是严要求。俗话说严师出高徒，作为管理者应把团队当做培养和锻炼他们的学校，把树立理想信仰、吃苦耐劳作为一项重要课程来灌输，把这些人追求功利和个性的特点培养成工作追求上进、做事追求完美的品质。

三是包容协作。由于90后从小受父母溺爱，长期养成的自私、任性难以改变，参加工作后做事往往只考虑自己不考虑别人，反叛意识强烈，嫉妒心强，因此对于他们要从企业文化、实际工作、现实生活和家庭状况同时入手，对他们进行协作、爱心和感恩等多方面的集体教育，使他们懂得尊重别人、承担责任。

最后，80后管理者要想管理好90后员工，还需要做好一些硬指标。比如加强企业文化建设，让90后能在公司找到归属感，让他们能够体验到生活的乐趣和工作的快乐；比如加强员工培训，让培训成为吸引员工的一个主要手段；比如帮助员工做好职业生涯规划，让其主动自发工作、为自己的未来做好眼前的每一件事情；比如薪酬管理考虑更多的外部公平性；比如员工晋升体系和制度更加完善，彻底抛弃论资排辈，给他们提供展示自己能力的舞台；比如薪酬管理还要实施全面报酬管理，加强非物质激励。80后管理者如果能够掌握非物质激励的手段和方法做好这些，就能使企业在90后员工的管理问题上得心应手。

第四部分

80后管理者如何向上管理

一般意义上，员工和上司间的交往和联系定义为向上沟通，即沟通中一种向上的形式。但是在与上司相处时，单纯意义上的向上沟通是不够的或者说是不完善的。那么如何能达到我们想要的与上司沟通的和谐状态呢？

著名管理学家杰克·韦尔奇的助手罗塞娜·博得斯基将自己14年的助理生涯整理成册，著书立说，提出“向上管理”的概念。在她看来，管理需要资源，资源的分配权力在上司手上，因此，当你需要获得工作的自由资源时，就需要对上司进行管理，实际上是与上司进行最完美的沟通。

向上管理的经典定义是：从战略上配合上司的作风和目标，并将其与自身的作风和目标融合起来，从而能够有所作为，辅助上司并实现个人的职业目标。即为了给你、你的上司和公司取得最好成绩，而有意识地配合上司一起工作的过程。从定义中可以看出，向上管理不完全等同向上沟通。两者存在内涵的差异，前者的内涵明显要大于后者，后者仅仅是指信息上的传播。

向上管理的内容包括：与上司适应彼此的需要和风格；分享彼此的期望；相互依赖、诚实和信任。

第九项修炼　善于与不同类型的领导共舞

性格是指一个人在对现实的稳定的态度和习惯化了的行为方式中表现出来的人格特征。常常在不同的场合下会显露出一个人性格的不同侧面。鲁迅先生既“横眉冷对千夫指”，又“俯首甘为孺子牛”充分表现了他性格的完美，又说明了性格的丰富性和统一性。

所以，面对不同性格的人，我们也要采用自己不同的性格去应对才会在职场中如鱼得水。其实不管什么性格的人，内心都是充满爱与真诚的，都是渴望能与人真诚交流的，只要我们真诚地对待每一个人，真诚地处理每一件事情，一定会与每个人和谐相处的。

由于不同型领导有不同的领导风格。仔细揣摩每一位领导的不同性格，在于他们处理关系的过程中区别对待，运用不同的相处技巧，会由于个人的素质和经历不同，不同的领导就会有不同的领获得让你吃惊的效果。领导也是人，也有个性。如何与不同个性风格的领导相处，是80后管理者必须要思考和做好的事。

一、切记：领导是你事业的第一贵人

据马来西亚《光华日报》报道，如今，职场人最大的挑战并非如何把工作和事务做好，而是如何将职场人际关系做好。职场人际关系的秘诀就是寻找你的职场贵人。

三顾茅庐的故事相信大家都不陌生。

三国时期，官渡大战后曹操打败了刘备。刘备只得投靠刘表。曹操为得到刘备的谋士徐庶，就谎称徐庶的母亲病了，让徐庶立刻去许都。徐庶临走时告诉刘备，隆中有个奇才叫诸葛亮，如果能得到他的帮助，就可以得到天下了。第二天，刘备就和关羽、张飞带着礼物，到隆中去拜访诸葛亮。谁知诸葛亮刚好出游去了，书童也说不准什么时候回来。刘备只好回去了。过了几天，刘备和关羽、张飞冒着大雪又来到诸葛亮的家。刘备看见一个青年正在读书，急忙过去行礼。可那个青年是诸葛亮的弟弟。他告诉刘备，哥哥被朋友邀走了。刘备非常失望，只好留下一封信，说渴望得到诸葛亮的帮助，平定天下。

转眼过了新年，刘备选了个好日子，又一次来到隆中。这次，诸葛亮正好在睡觉。刘备让关羽、张飞在门外等候，自己在台阶下静静地站着。过了很长时间，诸葛亮才醒来，刘备向他请教平定天下的办法。诸葛亮给刘备分析了天下的形势，说："北让曹操占天时，南让孙权占地利，将军可占人和，拿下西川成大业，和曹、孙成三足鼎立之势。"刘备一听，非常佩服，请求他相助。诸葛亮答应了，而那年诸葛亮才 27 岁。

刘备和诸葛亮这对君臣，是历史上有名的管理者和下属。我们可以说诸葛亮才华绝代，但是如果没有刘备，乱世中清高的诸葛亮又怎会有表现的机会呢？而最后还是需要有了刘备这个贵人，诸葛亮才得以施展

自己的才华。

80后管理者要如何才能在职场里处处受欢迎，达到所谓的“人见人爱，花见花开，车见爆胎”呢？一旦80后的管理者深受更高一层的领导喜爱，互动也会变得很健康，职场的关系也因此变得很圆融，一切事务也会变得更容易管理，而人也变得更容易管理，这就是“管理”——管事，理人。

相信很多80后管理者在求学生涯中都知道，讲到理人，都会谈到职场的人际关系。一个人际关系很好的人，铁定在职涯中处处得到大家的帮忙，经常有人在难题出现时协助解决事情。这些帮助我们的人皆被称为贵人，因为有贵人，我们的职涯会变得更美更精彩。在职场生涯里的贵人，也就是“职场贵人”。

我们必须弄清楚一件事，在今天的职场生涯里，已不像从前，从前是以个人能力为关键，因此造就了很多职场英雄。今天的职场生涯，和团队有密切关系。今天的成就并不是个人，而是团队领导。当我们了解到今天的职涯不能当独行侠而是要群体生活，我们就会明白到把人搞定方为关键。想要把人搞定，我们就一定要掌握到人际关系的秘诀，而职场人际关系的秘诀：职场贵人。80后管理者必须清楚，自己不可能守株待兔，啥事都没做，只等待贵人的出现。在我们的职涯里，自己的努力非常重要，在努力的过程中有贵人出现，我们的努力和付出会更快及更容易见效。

张萍是一个科技创新企业的80后中层，在她担任部门经理的期间，她的顶头上司，也就是总监换了3任，但是不管怎么换，每一位总监和她的相处都非常愉快。究其原因，后来发现，张萍为人坦率真诚，说话做事有礼，见面主动打招呼，多笑，在不熟悉的情况下，尽量语言精简，公事就公办，私事就私下请教。这种干练的风格得到了每一任主管领导的欣赏。同时，张萍在对待其他部门的上级时，不知道就说不知道，不方便回答也直接说明，从来不打马虎眼。另外，虽然不是张萍的直接上级，但是张萍一样表现出了很大的尊重。而且，不管是自己的总监还是其他部门的总监，在非公司人员面前，张萍总是毕恭毕敬，给足面子。后来张萍告诉自己的朋友说，其实如果在直属上司前，以维护你直属上司为最大前提，其他部门领导表现出进退有礼就足够了。张萍说，这些东西慢慢琢磨就行了，说来也简单：一般都是你尊重人，人们也就会尊重你。

多么有大智慧的职场80后女人啊，作为一个管理者，她很好地用感激的心和尊重去维护好了每一个主管自己的领导。

其实每一位80后管理者不妨看看今天的成就，问一问自己，谁是自己的“职场贵人”？我们的贵人其实就在我们四周围，在我们身旁守候着我们，希望我们的努力及付出变得更有价值。他们从来没放弃过你，默默地在幕后支持着你。他们就是我们背后隐形的翅膀，一直支撑着我们，好让我们能飞得更高和更远。而这个人，就是你的领导，是你事业的第一贵人。

现在，80后管理者请想一想你的上司和领导，作为中层管理者，你是否得到过领导的帮助和指点，而这些帮助和指点让你受益匪浅。这时候你也许才发现，你的领导原来是那个愿意无条件挺你的人，是那个愿意唠叨你的人。

对于80后管理者而言，如果有领导愿意挺你，他肯定是你的贵人。当他愿意无条件地挺你，只因为你是你，他相信“你”这个人的能力，相信你能够让他满意。当他知道有小人在你背后中伤你说你的不是，他会挺你，帮你说好话来澄清！

愿意唠叨你的领导也是你的贵人，因为他关心你，所以他才会唠叨！因为他在意你，所以他才会唠叨！他的唠叨是提醒，在事情发生前，他希望你可以少走冤枉路。而你愿意成为那个在乎及唠叨你身旁伙伴的贵人吗？唠叨其实是需要技巧的，唠叨不应该让对方感觉到你很烦，想要离开你。唠叨要经常和激励配合，80后管理者的主管领导通常会在唠叨对方后，立即激励他们，说“知道你肯定会改、肯定可以做得更好”。而这种激励未尝不是80后管理者去激励下属的好方法。

今天，80后管理者应当不只知道感谢他们的贵人，还要经常问自己，在职场里，和群体的互动中，80后管理者是否努力成为下属的贵人，还是在不经意的时候已经成为了职场小人，开始扯同级别80后管理者甚至下属的后腿？

二、人无完人，领导也有不完美的一面

2012年5月18日是Facebook上市的大日子。此次募资规模达160亿美元，创下美国历史上融资额第二高的纪录。但时隔仅短短一周之后，Facebook又在另一个略显不光彩的榜单上占据了领先位置。据贝斯普克投资集团（BespokeInvestm ent Group）称，就市值而言，Facebook成为罗素1000指数（Russell 1000index）中自首次公开募股以来损失最大的公司。

这一切，给我们提出了一个巨大的问号：这个28岁的80后孩子

真的准备好了成为一家上市公司的CEO吗？经过这件事，Facebook应该从曾经的大众宠儿成了大家讨厌的坏蛋，扎克伯格本人也从年少成名的互联网英雄成了公众财富的窃贼。扎克伯格能应对这些挑战吗？

目前来看，扎克伯格确实需要学习。他正在管理一家市值超过900亿美元的上市公司，比福特汽车和通用汽车的总市值加总还多。这种状况，就像是你坐在一家满载着数百位乘客的波音747客机的飞行室里，却刚刚开始学习飞行的基础课程一样。然而，回过头来我们再看，扎克伯格依然是一位成功的商业者，他几乎凭借一己之力创造出来了一个商业帝国，像乔布斯一样伟大，而且这其中造富的速度，比奥巴马当初成为美国总统更让人称奇。我们依然无法否定扎克伯格的地位，而他的故事也告诉我们，人无完人，领导者也有不完美的一面。

人说最怕遇到女上司，尤其是人到中年的女上司，而Anndy的上司却偏偏是个性格有些古怪的女领导，常常无缘故地批评人，说话的语气也很不和善。Anndy是北京某化妆品公司销售部的80后主管，一开始Anndy很不能接受她的上司的管理方式，但是当Anndy了解领导的脾气后，知道了领导只是表达方式过于强硬，领导发脾气，就诚恳的承认错误，主动承担责任，并不让领导情绪影响到自己的工作，埋头做好自己的事情，因为她知道，领导只是对事不对人，希望自己可以把工作做好而已！久而久之，Anndy的女上司也更加欣赏Anndy，认为Anndy能够顾大局，识大体，并最终提拔了她为销售经理。

80后管理者在企业运营的过程中，需要与自己的领导者不断沟通，也需要不断的磨合。这个过程需要80后管理者理解自己的领导，多学习领导好的地方，而不要一味地抓着领导的辫子不放。

三、受不了委屈，就成不了大事

韩信的故事想必大家都听过。

有一天，韩信在街上溜达，有一个年轻的屠户看不惯韩信游手好闲的样子，就对他说："你虽然长得高大，喜欢带刀佩剑，其实是个胆小鬼罢了。"又当众侮辱他说："你要不怕死，就拿剑来刺我；如果怕死，就从我的裤裆下面爬过去。"韩信仔细地打量了他一番之后没有说话，却低下身去，趴在地上，果真从他的裤裆下面爬了过去。于是，满街的人都笑话韩信，认为他确实是个胆小鬼。钻裤裆是奇耻大辱，但韩信是不得不钻的，如果不钻，只有两个结果，一是他被那屠夫杀掉，从此没有了韩信；二是他把屠夫杀掉，他赢得了暂时的胜利，但从此也没有了韩信，因为他杀了人，杀人者偿命，他会被法律杀掉。任何一个结果，历史上都不会有韩信这个人了。

韩信之所以能作为成大业的形象在中国历史上千古流传，就因为他在忍辱负重时眼睛是看着未来的，心中有着远大的目标。

古有韩信穿裆而过、越王勾践的卧薪尝胆，今有邓小平三起三落。从古至今，忍耐与毅力是政治家、军事家所应具备的重要素质。古今中外，凡是成就了一番大事业的人，几乎无一不是历经磨难，百折不挠，最后才达到胜利的彼岸，无不是经受住了委屈，最终厚积薄发成就了梦想。遭受委屈与挫折对于一个人来说并不是稀奇的事，关键是如何对待这种委屈与挫折。挫折并不可怕，只要能正确地对待，最终是能摆脱困境，再度奋起的。更重要的是，在挫折中可以学到许多东西，使自己变得更加坚强、更加聪明。

莉莉和莎莎是大学非常要好的朋友，两个人同到一家电视台做社会新闻实习记者，两个人都很勤奋，希望自己可以留下来。尤其是莉莉，当一名优秀的新闻记者是她一直来的梦想。为了得到能够被台里使用的独家的新闻，莉莉经常加班，常常自己去事发现场，风里雨里不辞辛苦。终于有一次，她冒着生命的危险拍到了一个非常有价值的新闻。然而，新闻播出后却署领导的名字。莉莉十分不服气，觉得自己努力的成果被别人抢走了，觉得十分委屈，于是找领导理论。而莎莎被采用的新闻也是署名他人，但是，莎莎却没有为此而抱怨，反而是继续努力工作。后来，莎莎毕业后留在电视台成为一名真正的新闻记者！

一个经不起挫折，受不住委屈的人，永远成不了大事。受不了委屈，不能成就大事，甚至有的时候，如果不能忍受一时的委屈，只想图一时畅快，还会造成不可挽回的后果。

张欣然在一家广告公司做文案主管，有次，部长要求她整理一份近五年的汽车平面广告文案材料，说是下次开策划会议时用，很着急。欣然不敢怠慢，愣是在公司加了两天班，啃了两顿面包做出了一份带有标注的详尽美观的文件，完成后，她第一时间把文件放到了部长的桌上，正在打电话的部长示意她把文件放下。

但过了两天，部长怒气冲冲地找到欣然，语气很重地问她为什么还没准备好材料？这么没有工作效率，耽误了开会怎么办？欣然当时觉得这顿劈头盖脸的指责挨得太冤了，想到自己付出的

辛苦，她当着其他员工的面和部长抢白了起来："我放你桌上了啊，你还点头了呢，怎么能翻脸不认账啊?""我没收到你的文件，它不在我这儿，你怎么证明你给我了呢? 我每天应付客户那么忙，你让我来管文件这种琐事儿吗?"部长自然十分强势地把她压了回去。和部长急赤白脸后自然是没有好果子吃的，不久，欣然就辞职了。

职场中最重要的就是"沟通"，"沟"是手段，"通"是目的，手段多种多样，但目的是让对方明白你的意思。案例中的张欣然就是一个典型的涉世未深的女孩，觉得部长示意她就是理解她的意思了，这种职场中的不成熟，正是导致她后来辞职的重要原因。

在职场中挨批是经常的事，面对挨批你的心态将决定处理这件事的结果。在职场中面对误解甚至是指责的时候，一定要把自己从关系中抽离出来，要坚信老板的指责是对事不对人的，如果觉得自己这也不好那也不好，他就是跟自己过不去，觉得这个地方待不下去了，那就完了。面对问题首先要建设性地想想有什么补救的办法，而不是为自己辩驳，那样你在领导心中的印象会大打折扣。如果欣然换个温和的方式解答部长的质疑，我想她会获得圆满的结果。

自古以来，欲成大事者，总少不了承受一些委屈，这样你的心胸才能接受锻炼，你也就能成事。对于80后管理者而言，能够在必要的时候忍辱负重，不乱方寸，才能最终成就管理上的成功。

四、与个性领导合作，需要自己少点个性

丹佛斯的人力资源总监田开芳女士曾说："一个幸运的80后管理者

拥有三个必备条件：一份自己喜爱的工作，一个呵护自己的家庭，支持、赏识自己的上司。”

以上三个必备条件中，职业与爱人都是按照自己的意愿选定的，唯有你的老板无可选择——因为你一进入公司，你的上司就已经确定了。如果遇到了个赏识你的老板，算你幸运；可如果你很不走运，遇到的上司要么对你的行动计划迟迟不表明态度，要么不停地对你的工作指手画脚，要么所下指令前后矛盾、含混不清，万一工作没做好，说不准他还要迁怒于你。

面对如此“不合作”的上级，80后管理者该怎么办呢？是在沉默中“变态”，还是在爆发后离开？其实，当你的老板无可选择时，80后管理者还可以自己选择做事的方式。在这里，告诉一些不怎么幸运的80后管理者一些与不同类型的顶头上司相处的方式。

1. 含糊型

一个投入了6200万元的民营药厂只有一种抗癌药品的生产药号，大部分的业务是为其他著名品牌加工成药，这个业务实际的生产只占投资的3%，明显属于盲目投资。公司的监察经理是一个80后名叫李博，看到机器整日运转，企业还处在亏损状态，常常急得上火。可是对于自己提供的那些行之有效的整改方法，这位80后管理者的顶头上司——公司总裁却一直没有反馈。这位80后管理者李博觉得他似乎并不关心自己的工作，也从不给予他任何指示！终于，这位80后的管理者实在忍不住，把他约出来告诉他：公司再这样下去会资不抵债的！结果老板给他透了底牌：某跨国大企业正在和公司洽谈收购公司的厂房和设备，仅这些就可以带来不止一

个亿！这位80后管理者这才恍然大悟。

这种情况下，80后管理者当自己始终无法认清自己的工作对实现企业目标有多少帮助时，要迅速了解老板的实际想法，最简单的方法就是直接向他提问。这一方式为迅速化解不同意见或明确工作重点提供了最为简便的途径。它能为80后管理者提供大量有用的信息，但有一点要记住：不要等到所做的决策和行动都尘埃落定后才提出问题。

2. 粗犷型

某公司的总部要搬到北京东城区的一栋大厦，其80后的行政总监李飞负责与业主谈判、签订合同、与家具商、装修商们商议招投标，平面设计等。根据以往的经验，完成搬家至少需要五个月的时间。但是，就在选新的办公地点时，公司走马换将，新上司是个德国人，性子较急，他对我们这位80后的行政总监半开玩笑着说，如果两个月内完成搬迁，you are excellent；三个月内完成搬迁，your job is better；五个月完成的话，I will have lunch with you（告别午餐）。

玩笑归玩笑，李飞也明白了搬迁工作的确需要加快速度。但无论如何也不可能在两个月内完成。于是，他制作了一个完成工作的时间进度表，修整之后交给新上司，看看各项工作调整主次或处理方式不同之后有什么不同效果。经过多次讨论，最终确定了一个能够尽快解决计划流程中出现的问题的时间进度表，而这位80后行政总监的老板再也没有提出“吃午餐”的事。

这个故事告诉80后管理者，对于只关注结果不太关注过程、比较粗线条而且比较强势的领导，要使自己的想法得到上司的认同，就必须通过详尽合理的计划，让上司明白要达成结果必须付出的过程，赢得上司的支持与认同。在设置项目阶段和相应完成时间的时候应力求准确，估算合理。不然，你的上司就会觉得这么简单的事情你都搞不定还推三阻四。因此，千万不要说，“你都看见了，我已经尽了全力，做不完我也没办法。”而应该说：“我很高兴做这件事。但在做之前，希望您了解我正在做的工作以及我为这项新工作而对工作日程准备做的一些调整。您对这一调整有什么建议呢?”当上司比较难缠的时候，多给上司一些选择方案，自然会让他少些刁难。

3. 犹豫型

某IT公司的人力资源经理是个80后管理者，她的上司是个谨小慎微的人，做一个决定经常迟迟不能拍板，有时做了决定后又会收回成命。在人力部门制订的培训项目计划实施过程中，该经理发现她的上司似乎并不愿意向上级管理层推荐她的行动计划。我们这位80后人力资源经理催促数次后，她才向上汇报，可从反馈的结果看，她的上司仍然淡化和误传了她的想法，最后她认为还是亲自向上级汇报的好。可是不幸的是，越级汇报两个月后，她就被掉换了部门。

这次失败并没有使这位80后管理者放弃采用越级上报的方法。在随后的工作中，她发现采用这种方式做事之前，要确保上司至少部分地支持自己的观点，不至于在与公司上层的会谈中和自己唱反调。因此每次与公司上层会谈之前，她都会与上司就争议之处达成

共识。协调中把握好度；表明自己的立场，又不能让自己的上司太过难堪，如果他不同意某个观点，这位80后管理者也不会与他直接对峙，缓缓再谈也无妨，反正即使不实施自己的计划，公司也不会倒闭。

这里需要说明的是，越级汇报是个方法，但要拿捏得当。通常情况下的越级汇报都是不合时宜的，只有极少数情况下的越级汇报，才能较好地协调好自己与上级的关系。

4. 暴躁型

丁磊是个80后中层管理者，他所在的互联网公司是行业里的翘楚，丁磊本人也是大家羡慕的都市白领。但是白领外表光鲜亮丽，背后也有不为人知的郁闷，丁磊的郁闷就是他有个暴躁的主管领导。丁磊的领导是个急性子，凡事交代下去之后没过一会儿就会回过来问是否办理好，如果下属回答没有做，他就大发雷霆。丁磊一次次灰着脸从领导办公室走出来，一次次被同事嘲笑。郁闷的丁磊甚至一度萌生了离职的想法。

有一次，丁磊交办给下属一份工作，回到自己的工位后又想起来刚才交办的工作没有说清楚，于是就又回去想继续交办一下。

这时他的下属说："头儿，你是想告诉我刚才的这份工作除了要形成一个方案报告，还要有些数据分析吧。"

丁磊十分惊讶，但是面对这么聪明精灵的下属，心里毫无脾气只有欣慰。回到自己的工位，丁磊不禁想到，每次领导找自己，自己总是一口说没有完成，也一直以来总是觉得时间上根本不可能完成领导交代的任务。但是回过头来想想，其实面对暴躁的领导，自己大可以先看看领导交办的任务，然后想想初步应对策略和方法，想想还有没有什么可以补充，领导也许就会觉得满足，也不至于大发雷霆。于是，丁磊尝试着去做了，而且收到了很好的效果，暴躁的领导面对丁磊更多的思考，暴躁开始变少了，也慢慢对丁磊更加认可。

丁磊的故事告诉每一个80后管理者，面对暴躁的领导，你需要让领导的脾气“软着陆”，以柔克刚，在与领导沟通时，多给领导具体的回复，让他知道你的具体进展和情况，让领导放心，领导也就不急不躁了。

5. 完美型

职场中什么是最令你头疼的？对于张莉来说，也许就是有一个完美型的领导。张莉所在的公司是一个中高级女装制造企业，张莉在市场部负责市场策划，是个80后小主管。

张莉的领导是完美主义的典范，凡事都要求尽善尽美，眼里容不下一粒沙子，每次策划市场活动，张莉的方案总是被一而再再而三的被挑战，需要不断地修改。张莉每一次将方案上报给领导，得到的都是再改改这再改改那的要求，弄得张莉一肚子气，张莉总是不解，觉得很多方案并没有明显的瑕疵，甚至对整体项目的成败没有任何影响。

终于，有一次在市场策划活动中，由于领导出差了没来得及审核，张莉的策划案出了问题。供应商的领导是个回民，但是张莉准备的答谢冷餐会上有很多食材是用猪肉做辅料的，这让供应商很是不满，也让张莉很是尴尬。尴尬虽然有化解的办法，但是事后张莉

的内心久久不能平静，她终于意识到，领导的“完美主义”有时候也是有一定道理的，需要辩证地分析，先赞同后筛选。

之后的每一次方案，张莉自己就会先检查一下，查缺补漏，然后再提报给领导。完美型的领导检查过后提出的意见，张莉也会仔细分析，细心改正。慢慢地，张莉觉得自己真的得到了更多成长，她和领导的磨合也渐入佳境。

张莉的故事告诉我们，其实完美型的领导不一定都是“钻牛角尖”的死心眼，和完美型的领导打交道，需要80后管理者更多地从自己身上找原因，凡事多思考多准备，面对领导的“挑剔”，有则改之无则加勉，但态度一定要端正，让领导充分感觉到自己的严谨与专业，用事实说话，给领导吃下“定心丸”。

根据某咨询公司的调查结果显示，大部分的白领都不怎么幸运——他们的老板并不总是欣赏和支持他们。事实上，每个人在职场中总会遇到那么一两个“不太合作”的上司，不合作的情况也是多种多样，五花八门。遇到这种情况，先不要喋喋不休地抱怨或图一时痛快干脆换个工作，或许在面对这个无可选择的上司时，你能够像以上几位职场中人一样，找出更多、更好的做事方式，使你的上司一改不合作的态度，你也因此变成一个幸运的80后管理者。

五、对事不对人，真诚可以融化一切冰凌

80后管理者在日常工作、生活中，一件十分重要的事情就是要与人沟通——不仅要与同事、下属沟通，更要与上级领导进行有效沟通。上级的领导者都是性情中人，年轻的80后管理者经常与上级领导进行

有效沟通，是保持良好上下级关系的基础，对自己将来的成功和发展具有重要意义。

80后管理者只有了解自己上级领导的个性心理，才能方便与他沟通。领导者首先是一个人，作为一个人，他有他的性格、爱好，也有他的作风和习惯。对领导有个清楚的了解，不要认为这是为了庸俗地“迎合”领导，而是为了运用心理学规律与领导进行沟通，以便更好地处理上下级关系，做好工作。

人性中有一种最深切的秉性，就是被人恭维的渴望。这种渴望，不仅仅是愿望，也不仅仅是欲望和希望，而是被恭维的渴望。在与领导者交往中，要永远记住，领导者都希望下属恭维他、赞扬他。你要找出领导的优点和长处，在适当的时候给领导诚实而真挚的恭维。你可以请领导畅谈他值得骄傲的话题，请他指出你应该努力的方向，你要恭恭敬敬地掏出笔记本，把他谈话的要点记录下来。这样做会引起他的好感，他会觉得你是一个对他真心钦佩、虚心学习的人，是一个有培养前途的人。

只是一句得体恰当的恭维，就可以使一个人直上青云。在日常生活和工作中，所有的领导者的内心都有被下属尊重和恭维的愿望，虽然他自己不说出口。在一定的场合，给予领导适度的恭维，不仅是必要的，有时候也是十分重要的。但是，恭维领导要掌握适度，并且是在确切了解对方内心世界的基础之上的恭维。有时候，即使是自己不喜欢的领导，你也要给予适度的恭维。年轻下属应该明白，上级之所以把他安排在这个岗位上，一定有他的原因。现实中有太多的时候，我们并不了解对方。领导者所做每一件事情，都一定有他的理由。对你看不惯的方面，你不要过多地批评、指责和抱怨，更不要当面顶撞或争论，而要给

予充分的谅解，必要时给予领导适度的恭维。

与人坦诚相待，反映了一个人的优良品格。80后管理者在工作中要赢得领导的肯定和支持，很重要的一点是让领导感受到你的坦诚。工作中的事情不要对领导保密或隐瞒，要以开放而坦率的态度与领导交往，这样领导才觉得你可以信赖，他才能以一种真心交流的态度与你相处。以理服人不是说服领导的最高原则，如果没有让领导感受到你的坦诚，即使你把一项事情的道理讲得非常明白，实际上一点用也没有，因为人是有强烈感情色彩的动物，生活中情大于理的情况比比皆是，在感情与道理之间，人往往侧重于感情，领导者当然也不例外。来到一个单位后，第一件需要做的事情就是要学会主动沟通、与人坦诚相待。

80后管理者与领导沟通，坦诚主动的态度十分重要。80后管理者有时摄于周围人际环境的压力，主观上不敢与自己的主管领导进行主动沟通。在工作中存在失误的时候，消极地躲避是不行的，而主动的沟通，主动的承认错误、改正错误，才是上策。80后管理者虽然是管理人员，但是毕竟工作阅历浅，即便工作热情和积极性较高，工作上富有开创性，工作中也难免有点失误。任何人都难免会犯错误，但有的80后管理者一旦在工作中出现纰漏或错误，就会感到内疚、自卑，甚至后悔不已。犯错误后，不去主动与领导沟通、交流，而是唯恐领导责备自己，害怕见到领导。事实上，犯错误本身并不要紧，要紧的是你要尽早与领导沟通，以期得到领导的批评、指正和帮助，同时取得领导的谅解。消极地回避，不但不能取得领导的谅解，反而有可能让领导产生误解。

领导者的心情如何，在很大程度上影响到80后管理者沟通的成败。

当领导者的工作比较顺利、心情比较轻松的时候，如某些方面取得成功、节日前夕、生日等时候，心情会比较好，这是与领导进行沟通的好时机。当领导在某一方面取得成功，你准备向他表达祝贺时，你要选择一个比较适当的场合，营造一下氛围，向领导表达祝贺的同时，提出你的问题。我们要向领导提议一件事情，注意场合、选择时机是很重要的。

需要注意的一点是，80后管理者与上级领导沟通时，并不一定全在办公室内进行，因为，领导一天到晚要考虑的事情很多，有时候，在休闲中也可以解决大问题，但要注意场所，选择适当的时机。如果领导心情不好，或者处于苦恼之中，他可能是因为工作头绪繁多忙得焦头烂额，可能是因为受到上级的斥责感到消极颓废，可能是因为事业发展受阻感到压力过大，可能是因为家庭纠纷导致自己沮丧不已，也可能是因为遇到重大问题不能决断而感到迷茫，在这个时候，领导的心情特别差，你的意见他很难听进去，不便于沟通，所以尽量避免在这些时候向领导请示汇报。

“怎么搞的？你身为销售主任，怎么能随便得罪客户呢？”这是2010年武汉一家科技公司里经常传出的怒斥声。该公司李总当时27岁，是个优秀的80后管理者，可他经常是一脸严肃，脾气不太好。身为下属的陈涛总觉得李总性格有点古怪，常常有口难言。好在两位都是铁杆球迷，这不，邂逅世界杯，就像阳光照到了冰块上，上下级之间的隔阂竟然很快消融了。

世界杯开幕当晚，月明风清。陈涛和李总还在公司加班，一直到10点，李总为陈涛端来了夜宵，并称：“小陈啊，来，我为你端

来了饺子，你吃点夜宵吧，别累着！”这令陈涛受宠若惊。

凌晨零时，陈涛还在忙活，这时电视里传来世界杯直播声，德国队与哥斯达黎加队在比拼，老总打开电视，并对陈说：“歇会，来看世界杯！”陈涛战战兢兢地应道：“哎！”

凌晨零时5分，德国队员拉姆射门成功，为德国队进了本届世界杯的第一球。陈涛和李总跟着：“呜拉！”两人随之跳了起来。

一个多小时里，两人一起分享着每一个精彩的瞬间。比赛结束后，德国队以4比2战胜哥斯达黎加队，老总发出感言：“不是我平时说你们，胜利总是归实力强者获得！职场也正如一个球场，竞争时时都存在，有实力才能立足啊！”陈涛称：“我懂了！”

李总随后关切地问道：“你近段日子有没有制订长、短期的工作目标？有没有按照正常的作息时间生活与工作？有没有定时给自己充电？”陈涛针对老总的问话，一一否定。老总笑称：“机会总是给有准备的人。”这句话虽然很严肃，但陈涛看出李总的关心，顿感温情备至。

此后一周，李总对员工经常嘘寒问暖，关心起大家的生活、工作，等等。前日，陈涛激动地对记者感叹道：“以前总觉得李总很严肃，性格孤僻，自从世界杯开幕后，他和我们一起看球赛，一起工作，原来李总也是那么可爱，看来真诚沟通很重要啊！”

领导者的权威不容挑战。有些领导的能力虽然平平，但不要因此认为这样的领导就是不中用的，他一定是有某种优点，所以他的领导才会提拔他。不论领导是否值得你敬佩，80后管理者作为直接领导的下属都必须尊重他。与领导沟通的成功与否，不仅影响领导对你的观感，甚至影响你的工作和前途。只有对领导怀有仰慕的心情，才能实现有效沟通。如果你对外宣传领导的优点，一旦风声传到了他的耳朵里，他会更严格地要求自己，更加关心你。在成功策划某项工作时，即使是你的功劳，也要把选择权留给自己，而把决定权留给领导。与领导谈话时，要采取委婉的语气，切不可意气用事，更不能放任自己的情绪。与领导交谈时，要有一个积极乐观的心态，向领导叙述重要事宜，或回答领导提问时，如果做到目不斜视地盯着对方的眼睛，不但会增强语言的说服力，还会给领导留下精力充沛、光明磊落的印象。听取领导讲话，高兴时不妨扬起眉，严肃时瞪大眼，困惑时大胆问，听完后简要复述，这样做会给领导留下头脑敏锐、率直认真的印象。反之，如果你唯唯诺诺，无动于衷，就会给领导留下反应迟钝、消极应付的感觉。与领导沟通，要心怀仰慕，又要把握尺度，不能无原则地扯关系、拉近乎，否则，会给人留下盲目攀高的印象。

80后管理者对于自己的领导应该心怀仰慕，适当的时候给予领导关心也是必要的，但问题的关键是能否把握尺度，能否在领导和同志们面前恰如其分地表达这份心意。把握不好尺度，不能恰如其分地表达自己的心意，即使你对领导有多么仰慕，领导也难以察觉到，反而会认为你有眼无珠。在日常生活和工作中，不管你对领导是否仰慕，对于领导个人的事情，作为下属，不能妄加评论。对领导提出的问题发表评论时，应当掌握恰当的分寸，有时候你点个头、摇个头，都会被人看做是你对领导意图的态度，轻易地表态或过于绝对地评价都容易导致工作的失误，是要负责任的。对领导交办的事情，要慎重，看问题要有自己的立场和观点，不能一味地附和。如果你确信自己在某件事上没有过错，就应该采取不卑不亢的态度。在必要的场合，只要你从工作出发，摆事

实、讲道理，也不必害怕表达出自己的不同观点，高水平的领导往往欣赏有主见的 80 后中层管理者。

总之，80 后管理者与自己的主管领导进行沟通，要讲究方法、运用技巧。况且，与领导进行有效沟通，保持良好上下级关系，不是人格扭曲，不是狡诈诡谲，不是欺上瞒下，不是阿谀奉承，也不是人际交往异化流俗，而是为人处世的一门学问。

第十项修炼　有效配合与支持上级领导

春秋战国时期，齐国名相晏子有一谋士，在晏子身边工作了多年，凡事都迎合晏子说话，从不给晏子提一条建议和意见。一天，晏子便把他的官罢了。这位谋士十分委屈，他对晏子说：我跟随你多年，从来没有什么差错，你为什么要撤我的职呢？晏子说：你从来没给我提过一条批评和建议，总是迎合着我的心理办事，我要你当谋士有什么用处呢？周恩来总理，也曾把在自己身边工作多年的一位秘书辞退掉，原因也是他在总理身边工作多年，从来没有给总理提过一条批评建议。如何做才算配合和支持上级工作，这不很清楚吗？

人非圣贤，孰能无过？即使是伟人、名人，也不可能做到处处正确，一贯正确，他们也会有失误、缺点、弱点和不足。“智者千虑，必有一失”，正因为会有“失”的时候，所以就需要得到他人的帮助。那敢于直言，能及时指出上司思想上、工作上的缺点，积极给上司提出建议的下级和人员，才是真正支持上司工作的人，才是有利于上司的进步，有利于发展大业的难得诤友。人家一提点批评和建议，就说不支持上司的工作，这只会起到堵塞言路的作用，是危险的。近段时期，矿难、交通、火灾事故曾发生了多起，事故频发，原因很多，其中与有的

干部只顾个人利益，听不进批评和建议大有关系。

80后管理者往往是企业的中层，都有着自己的顶头上司。80后管理者作为企业高层的下级，如何做，才是真正支持上级的工作呢？归纳起来，总的说其实无外乎有两条，一条是认真贯彻上级安排的精神和任务，在本职岗位上干出优异的业绩；另一条是对上级的失误、缺点和考虑不周之处，及时提出批评和建议。千万不要当面一套，背后一套，只会迎合上司，整天阿谀奉承，尽说一些动听的甜言蜜语的人当做是在支持上司工作，因为真正误事，不支持领导工作的人，正是这种可怕的“谀”人。对于上级领导的配合和支持是绝对的，但是，在绝对性之上，也需要有原则，无原则的配合与支持不值得提倡，这个原则即有效性。有效性一是就配合与支持的效果而言的，领导欢喜，员工满意；二是配合与支持的正确性，明显是错误，还在配合与支持，显然不可取。

一、领导毕竟是领导，面子不可少

历史上，唐代的魏征以善于纳谏著称，他一向为唐太宗所重用，唐太宗却也因为面子受损的事儿欲杀掉魏征。

一次上朝，魏征当着朝臣之面犯龙颜直谏某事，顶得唐太宗面红耳赤，大丢脸面，但唐太宗还算是一个清明有为的皇帝，考虑到自己曾叫大臣“事有得失，毋惜尽言”，所以当堂不好发作。但罢朝之后，却是怒气冲冲地嚷道：“总有一天我要杀死这个乡巴佬儿！”试想，如果唐太宗不是个明君，如果他气量狭小，爱记仇；如果唐太宗对魏征并不是那么信任和了解，魏征的脑袋恐怕早就搬了家。其中的经验与教训不能不为现在的80后管理者三思，引以为戒。

现实工作中，很多80后管理者在给自己的主管领导提建议时，往往不顾及对方的面子，其实这是不对的。领导十分注意自己在公开场合的形象，特别在领导或者众多下属在场的时候，这绝不仅仅是因为“面子问题”在作祟，更在于领导维护自己权威的需要。

许多领导认为，如果自己的下属在公开场合使自己下不了台，丢了面子，那么这个下属肯定是对自己抱有敌意或成见，甚至有可能是有组织、有预谋的公开发难。他一定会“杀一儆百”“杀鸡吓猴”，维护自己的权威和尊严。因为如果他不这样做的话，可能还会有其他人会当庭责难，使他下不来台。当然，这种结果也不是下属所愿意看到的，同时也违背了下属提建议的初衷。所以，80后管理者在公共场合给自己的领导提意见时，一定要注意给领导留有面子，给领导留面子，其实就等于给自己留面子。

官渡之战前，许攸投奔曹操，献了一系列的妙计，为曹操击败袁绍，夺得河北之地立下赫赫功劳。曹军占领冀州城后，一次聚会时许攸直呼曹操小名：“阿瞒，不是我献计，你能得到这座城池吗?”曹操部将许褚大怒，立即拔刀杀了许攸。得意忘形的许攸，当众不给曹操面子，虽然曹操本人当时没说什么，想必也动了杀机，所以事后只是责备了许褚几句而已。

我们中华文化非常讲究“人伦”，注重长幼、尊次有序。80后管理者在和自己的主管领导交往中，维护领导的面子，即是尊重职场人伦的表现。尊重领导也是基本职业素养之一，维护领导面子就是在维护领导的权威。

领导说话、做事难免有不周全或者失误的时候，不要当众纠正，更不能顶撞。如果错误不明显无关大碍、其他人也没发现，不妨“装聋作哑”。错误明显或者事关本单位利益，确有纠正的必要，最好找个能

使领导意识到而不让其他人发现的方式纠正，如递纸条、眼神、手势或一声咳嗽，或者赶紧找个私下的机会提出来。当领导理亏时，给他留个台阶下。给领导台阶下就是维护领导的尊严，领导当然心知肚明，理解你的善意。80后管理者对主管领导在工作方面的安排、命令必须服从，即便有意见或不同想法，也应执行，对领导指挥中的错误可以事后提出意见，或者执行中提出建议。同时，在日常工作中积极响应领导的号召，自觉配合领导工作，不能阳奉阴违、口是心非。对领导的工作全力支持，并多出主意，帮助领导干好工作。不要在同事之间随便议论领导、指责领导。

有些领导很随和，或者有些80后管理者和自己的领导私人关系很好，于是就认为和这样的领导在一起不必太讲究，其实不然。像随便开玩笑、勾肩搭背，直呼姓名等，这些情况在私下里、对随和的领导而言可能没关系，但在工作中或者对外交往中，如果作为下属的80后管理者还这样随意的话，就成了放肆。

各种和领导相处的场合，和领导唱反调，或是抢了领导风头，都是让领导难以接受的。比如，在非正式场合，打断领导的话，发表自己不同的观点，穿着打扮或使用的物品比领导的高档精美，在捐款、馈赠等方面高过领导，见解被领导采纳却到处嚷嚷这些全来源于自己的想法……受习惯性思维的影响，即使在其他一些与工作无关的事情中，只要领导和下属同时出现，领导也会不知不觉地以领导自居。当你有意或者无意地和领导唱反调的时候，领导也无形中把你当成了他的对立面。

闵洁是一名聪慧、利落的80后文案策划主管，在公司深得上司赏识。可最近因为一个策划方案让她颜面尽失，她在上司心目中

的地位也一落千丈。

事情是这样的：以前做策划方案都是上司提几个要求，剩下的全部由闵洁单独完成，而且每次都获得圆满成功，而这次上司先提出策划思路，让闵洁按照他的思路做一个方案。上司告诉她，客户是当地一家大型房地产公司，这个客户对公司发展很重要。闵洁心里泛起了嘀咕："难道是上司对自己不够放心？不相信自己的能力？"在策划过程中，她发现上司的思路有一个很大的错误，如果按照那个思路做策划方案，肯定会遭到客户的拒绝。

于是，闵洁又找到上司。当时公司的领导正在开会，但她想也没想就当着众人直接否定了上司："你的思路根本不对……"闵洁一开口就震惊全场，让上司感到很没面子。上司把方案给了别人做。尽管最终的策划方案的确不是上司预先的思路，但后来接手那个策划方案的同事没有像她那样直接顶撞上司，而是私下同上司做了交流，上司细心听取了她的意见，主动改正了原有的思路，最后皆大欢喜。

上司的面子不容亵渎，尊严不容侵犯。有的人在做事的时候没有意识到这点，结果使得自己和上司都陷入尴尬的境地。聪明的人懂得在上司理亏时要给他留下台阶；当众纠正上司是万万不可的，更别提嘲笑了。下属最不应该做的事就是当众让领导丢面子。面对同事谈论领导的错误，用嘲弄的口吻让流言飞语四散传播，并用贬损领导的话来证明自己的聪明和睿智。

老板无论如何都是老板，不要意气用事，损害了老板的尊严，要让自己懂得糊涂，懂得退让，给老板留点面子，留点自尊，学会服从，不

去争辩与批判。这不是随声附和，而是一种服从的艺术。

给上司留面子，其实就等于给自己留下了充分的余地。下属可以利用这个余地同领导在私下里进行更为深入的交流和探讨。留有余地还会使下属能够做到进退自如，一旦提出的意见并不确切或并不恰当，还有替自己找回面子的余地。采取适当的方法纠正领导的错误，同时维护领导的尊严和权威，这是一种高超的学问，也是一种做人的美德。

做好领导的协助工作，是作为下属的80后管理者的本分，也是维护领导权威的表现。工作中遇到紧急的工作，即使是非工作时间，下属也应尽可能做好协助、配合，一起完成工作。对领导工作安排上出现的问题，不仅在合适的时机指出来，还应该提出具体建议。和客人一起洽谈时，拿取、递接资料，端茶送水，都应由下属完成；和领导一起用餐，中途需要服务时叫服务员，用餐结束去结账；和领导一起出差，替领导安排好交通工具，订好票，安排好吃住行；一同外出拜访时，主动为领导做介绍。不要在领导面前表现得过于张扬，特别是自己的能力胜于领导时，更应保持尊重领导及低调做事的风格。而当工作中出现错误，特别是和领导共同完成的工作出了错，应该首先主动承担自己的失误及责任。领导出现尴尬情况时，下属应该积极维护、分担、处理。在外的时候，随时注意礼宾次序，适机提供协助，维护领导的身份，比如介绍、座位、敬酒、进出门及电梯、上下车等。

总之，笔者在此赞成80后管理者对自己的直属领导多提宝贵意见，同时也对直言不讳、敢犯龙颜者表示深深的敬意。也只是想提醒那些心直口快的作为下属的80后管理者，如果你只注重提意见的目的和主见的合理性，而不考虑到领导的面子，那么，这样的“劝谏”也只能给自己带来不幸。

二、执行第一，行动是最好的支持

在权力运作过程中，上层领导是决策层、指示层，80后管理者是操作层、执行层，没有多少擅自决定事宜的权力。如果与上层领导联系不密切，就得不到领导的指示和支持，工作就会失去依据，也难以得到领导的信任和重用。所以，80后管理者与上级关系运筹的关键，就是要密切联系上级领导。而这方面的首要要求，就是要坚决服从领导决定。这是80后管理者做好与上级关系的关键。80后管理者作为企业的中坚力量，需要为下属作出表率，更需要为领导提供支持和配合。

80后管理者作为企业中层，如何处理好与领导的关系、如何执行领导的决定是一门很重要的学问，事关你人际关系的融洽，事关你工作氛围的舒心。然而现实当中，有的80后管理者目中无人，不把领导看在眼里；有的80后管理者把领导的决定当做"耳边风"，拒不执行；有的80后管理者总认为自己的意见正确，顽固到底，固执到底，等等。这些80后管理者的结果会怎样？可想而知：与领导的关系紧张，工作出差错，人际关系极其糟糕，最终对自己不利，对工作不利，对单位不利。

世界是丰富多彩的，也是充满个性的，任何外在的强迫都是徒劳的，任何外在的影响也只是有限的。对于聪明的人而言，充满个性是客观的，也是现实的，也是必要的，如何处理好个性与外界的关系也就成为一门极其重要的课题。如果任由自己个性的膨胀，那你将成为孤独的人、迂腐的人、落后的人、令人讨厌的人；如果你正确处理好自己与他人的关系，处理好独立自主与外界影响的关系，那你的精神是健康的、人际关系是和谐融洽的、工作是富有成效的、你本人也是深受欢迎的。

三人行必有我师，80后管理者尊重他人，学习他人，借鉴他人，对己有利，对公司也有利。

个人认为，一个80后管理者配合和支持好上级领导，执行力是很关键的一环。领导的决定需要坚决的执行，这可能需要很多80后管理者一个适应的过程，也许要不断地学习和把握。

首先，80后管理者要有自己的观点，有主见，不能人云亦云，特别在对上级领导的决定执行过程中要通过自己的思考形成自己的观点，要有自己的意见，这可是最基本的一点，这是坚决执行领导决定的基础，也就是说是有主见地执行领导决定，而不是盲目执行。没主见的80后管理者永远是没市场的人。

其次，敢于说出自己的观点，有了观点憋在心里没用，不会转化成现实、有效的成果。在讨论问题时，对事不对人，80后管理者可以尽管大胆地对上级主管领导说出自己的观点，这有利于保护自己，也有利于他人尤其是领导辩证地吸收你的合理意见，有利于工作，所以，领导大都喜欢、欣赏有主见且敢说的人。

最后，当上级领导否决你的意见后，80后管理者必须坚决执行领导的决定。领导有权力否决你的意见，领导有权力自主决定并安排工作，领导有权力指挥、吩咐你执行他的决定。作为下属的你，尽管执行去吧，坚决执行领导的决定是你的义务。记住两点：下级服从上级是民主集中制的基本内涵，下级服从上级是组织纪律性的必然要求。要相信一点：领导永远是“正确”的，有了这种信念基础，你方能自觉执行领导决定，至于是否“正确”留待执行之后再去评价吧！

无论公司总裁的决定，还是主管领导的决定，都属于80后管理者坚决执行的范畴，不然，可要犯重大“政治”错误的。后续的行动后总结是后续的事情，高执行力是80后管理者职业素养的底线之一。

美国第37任总统尼克松说过："唯一雷打不动的原则是：一旦最高的领导人作出决定，争辩就停止，所有的人都必须支持他的决定。"第41任总统乔治·布什也重述："在某个问题上，副总统可以与总统持不同见解，并把这种不同见解在决策的过程中表达出来。但是，一旦总统最终作出决定，分歧就不复存在了。"这就是说，下级服从上级，是上下级之间关系运筹的基本原则，中层领导自然要遵守这一原则。作为下级，你应该认识到，一个部门、一个组织都是通过对上级的服从来建立其秩序的，下级对上级的抗拒和反抗必然会使各种秩序遭到破坏。因此，这种行为是绝不能允许的。

在西柏坡，有一个简陋的不能再简陋的中央军委指挥所：一间土坯砌成的房子里，摆放着一张满是洞疤的长方形桌子，挂着几乎一面墙大的军用地图。当初，毛泽东主席和其他几位中央领导就是在这最小、最简陋的指挥所里，指挥了震惊中外的三大战役。

据介绍，当时这里在物质方面几乎什么也没有——没有雄厚兵力支援前方，没有武器弹药供给前方，没有军饷给养保障前方，有的只是源源不断的电报，把作战命令、指示下达给前线各路指挥员。那时，各野战军的条件都相当艰难，但接到中央的指示、命令，无一人叫苦，谈条件，讲价钱。没有兵力自己招募，没有粮草自己征集，没有弹药自己想办法。中央不负责诸如此类的具体事宜，只管发指示、下命令、收捷报。也正是在下级坚决执行上级指示的条件下，才保证了一次次战役的胜利。中层领导服从上级，就应该做到这样的坚决、无条件。

在与上级的关系中，作为中层领导的80后管理者一定要树立起这样的观念：对领导作出的决定、指示和要求，要不讲条件，不讲价钱，

想尽千方百计，吃尽千辛万苦，排除千难万险，也要认真贯彻执行。“有条件要完成，没有条件创造条件也要完成。”如果领导的命令没有被严格执行，或者没有被完成，首先你就会给领导落下“执行指示不坚决”的印象，其次还会给领导留下“此人太无能”的印象。有这些印象，你很难再获取领导的好感。

当然，上级也是人，在许多方面并不比普通人强多少。有出色的上级，有无能的上级，有不爱负责的上级，有大权独揽的上级，有严厉的上级，也有滑头的上级。上级有各种各样的类型，都很难尽善尽美。但不管是什么样的上级，只要你在他的手下工作，就必须听从他的命令。这就是原则。

人虽然都有一种不愿服从别人的心理，但对比自己强的人还是能够服从的。因此，80后管理者要从行动上增加服从的自觉性，就有必要从上级的工作方面、人格方面，去寻找比自己强的一方，做出尊敬他、学习他的姿态。凡是尊敬上级、服从上级的部下，即使是最初上级对他一点好感也没有，也会逐渐改变印象。只要你认识到尊敬上级的必要性，就会从心理上排除对服从的抵触，就能摆脱那种耻于服从的感情，做到真诚而不造作。

A公司的主要业务，是为各品牌轿车生产汽车坐椅。某年9月25日那天，公司接到了一张订单。根据订单要求，公司需要在一个月内就为客户出货。时间紧、任务重，更麻烦的是，在这期间还有国庆的7天假期，但在激烈的企业竞争环境中，订单就是号角，订单就是命令。为了完成生产任务，公司领导经研究决定，国庆期间不休息，加班加点完成订单。

由于距离国庆长假只有几天时间了，员工大多早已为自己的假期做好了安排。公司的一名80后业务主管小张也不例外，他早在一个月前就和女朋友约好，要在长假里和她到海南旅游。可公司要求加班，难道这个向女朋友求婚的大好机会就这样错过？小张没有公开反对加班，继续努力工作。9月29日早上，开生产班组会的时候，小张缺席了。10点钟左右，小张从医院打来电话，说自己生病了，正在检查。下午上班时，小张拿着医院的病假条，来向班组长请假。虽然企业有很重的生产任务，但在人性化管理思想的指导下，公司还是批准了小张的病假。

但事情没有就这样结束，当小张10月9日回到公司上班的时候，等着他的是班组长、车间主任和公司的人力总监。原来，公司在10月1日的时候，特意派了人力部门的一位同事到小张的家里去看望他。看到铁将军把守的大门，一切就都已经清楚了。

对领导坚决服从，是80后管理者牢记心中的常识性问题。领导的意图符合自己心愿时是这样，不符合自己心愿时也应如此。当然，这里所说的服从，是指在工作中的关系。若离开了工作，就个人而言，不论职务高低，在人格上都是平等的，不存在谁服从谁的问题。

此外，由于现实世界的复杂性和具体工作的特殊性，领导的指示有时不一定符合实际，甚至出现这样那样的偏差与失误。80后管理者在执行指示的过程中，应发挥主观能动性，创造性地完成任务。倘若认定领导的决定、指示不正确或有错误，就应当通过正常渠道、正当手段，反映和陈述自己的意见、建议，请求予以改变。但在领导改变之前，还是要坚决服从，绝不可消极怠工，阳奉阴违，更不能擅作主张，按自己

的意志行事。

三、全局思维，想领导之所想，急领导之所急

什么样的80后管理者是好的管理者呢，什么样的80后管理者又是领导欣慰和欣赏的管理者呢？是勤奋、踏实、进取，还是负责、果敢、创新？美世咨询的顾问研究表明，人力资源中，中层管理者让其主管领导接受和欣赏，需要将这一切都融入到为领导着想当中。而且从历史故事中我们也不难发现，替“领导”着想也是中国自古以来的传统，比如大臣们为皇帝着想，比如下级为上级着想，能够做到想领导之所想，急领导之所急，站在全局的角度全面思考问题，80后管理者才能最大限度地发挥自己的管理平台，创造最大的成绩。

那么，80后的管理者应该如何为领导着想呢？国学大师们都讲，年轻人学习“儒释道”的时候一定要有批判精神，下面我就从批判的角度谈谈80后管理者替自己的主管领导着想、为领导分忧的几种不好的现状：第一种是死记领导说过的字，坚决抵制与字不符的现象，但求明哲保身！第二种是时不时就引用领导的话，将其作为行动的楷模，生怕用屁股冲着领导的脸！第三种是想方设法照顾领导的衣食起居，将领导的一举一动视为自己工作的主攻方向，生怕领导一步没走好，自己就丢了饭碗！

作为企业的中层，80后管理者为领导着想就是为自己着想。要学会想领导之所想，急领导之所急，这样才能把问题解决在萌芽之中，勇于冲在领导前面，才能获得更多的学习与表现的机会，才能深得领导心！

宋佳是某公司的总经理助理，80后，职场人都知道，做助理不好当！俗话说伴君如伴虎，然而宋佳却做得十分得心应手。一次交谈中，她曾与我分享了她的心得："其实，助理的工作并没有传说中的那么恐怖，只要用心去了解领导的秉性与习惯，把领导的事情当做自己的事情认真地去做，想问题和做事情时思考周全，把问题在领导发现之前就给他解决掉就OK了。我觉得这份工作是一个非常好的学习机会，虽然一开始会觉得工作比较琐碎，突发状况也比较多，但这恰恰锻炼了我应急的能力和统筹规划的能力。如果一个人连小事情都做不好，大事也不会做好的！"正是由于宋佳优秀的工作表现，她很快就结束了自己的助理生涯，而是被领导提携为部门主管，是公司里最年轻的主管！

在上司的视野里，下属分为三类：A类人是能分忧的人，上司们都有自己忧虑的事情，很多是难言之忧；而这些上司所忧虑的事情，是下属们可以适当分担的。那些能想上司所想，忧上司所忧的人，就是可以为上司分忧的人，这些人做的工作大都是自己认为"应当做的"，他们不会等待上司的吩咐或指示；B类人是能分劳的人，就是上司叫做什么就做什么，且能做得很好。日常工作中，多数都是琐碎的、例行性的工作，而这些工作耗用的主要是体力和时间，较少需要花费智慧，这些事情多属于"必须做"的工作，而分劳的来源在于履行工作职责和上司的任务指派；C类人是既不能分忧也不能分劳且经常添乱的人，这种人不仅不能完成为上司分忧和分劳的工作，而且还经常为领导惹麻烦，添乱子，是注定要被淘汰的。

工作中，80后管理者所承担和负责的工作，其实都是为了实现主

管上司的绩效和职责。职场中，80后管理者首先是为自己的上司工作，这是一个基本规则；所以，在工作中是为上司分劳，还是分忧，结果就会完全不一样。不可否认，每天所关注的、操办的，其实最多的都是为上司分劳的事儿。例如：每天都在忙着手头的工作，感觉筋疲力尽；上司交代的工作，我们能够很快完成并提交成果；尽心尽力地辅导自己的下属，希望他们能够独当一面；兢兢业业地工作，为了把自己分内的工作做完、做好……

能够让自己的上司放心、安心、称心和开心，纯粹是下属职责范围内的事情。作为职场人，特别是想有所作为的职场人，这些分内的、上司分配的工作，只能算是为上司分劳的工作。上司需要的，其实是不单能为自己分劳，而更能为自己分忧的下属。

谢斌斌今年25岁，是某时尚摄影机构的摄影师，大汤是公司的首席摄影师，可以说甚至是老总心目中的“台柱子”。谢斌斌进入公司之后，主要负责一些比较琐细的摄影任务，难度比较高比较艰巨的任务仍然由大汤完成。一次，本地一家四星级酒店让谢斌斌所在的摄影机构拍摄菜品广告。按照惯例，大汤背着相机前往酒店拍摄。由于大汤使用数码相机时对光线把握出现偏差，一直都拍不出满意的照片，酒店方面颇有微词，大汤耐不住面子甩手走了，留下了一堆烂摊子。眼看生意就要黄了，谢斌斌临危授命遵从老板的要求，接下了拍摄的任务，并且漂亮地完成了任务。

这件事后，谢斌斌渐渐成了公司主要拍摄任务的执行者。不久，大汤辞职走人了，首席摄影师的位置也就由谢斌斌来担任。谢斌斌急领导之所急，在危难关头及时挽救了公司的单子，最终换来了领导的信任。

如果80后管理者希望能够被公司认可，委以重任，首先必须使自己成为能够为上司和公司分忧的人。能为上司分忧的80后管理者，能够发现和注意到别人视线所不及的问题，并能够主动提出解决方案；能够提前预知到各种可能的问题和风险，并进而完成提醒和应对的策略；能够打破潜规则，就那些司空见惯的问题提供更好的管理方案。

职场中，更多的是能够为上司分劳的80后管理者，他们或者能够按部就班地完成自己的工作，或者能够保质保量地完成自己的销售任务，或者能够给其他同事提供完整的服务，等等。他们承担着大量日常工作，最终所获得的只能是稳定的工作、良好的口碑或者较低的管理职位。

能够为上司分忧的80后管理者，是优秀管理者的必备素质。遗憾的是，并没有人，也没有哪条规则告知人们要为上司分忧，这完全是出于个人意识，且外在表现为积极主动的行为。分忧和分劳看似差别不大，是完全不同的两种态度。当然，分劳是分忧的基础，分忧的人当然必须首先能够分劳，而分劳的人则不见得能分忧。

80后管理者职场成功的过程，实际上就是学会为上司分忧的过程。分忧需要80后管理者站在更高的工作高度，想上司所想，急上司所急，忧上司所忧，积极主动地发现问题并寻找解决对策，能不再依赖上司的指派而进行工作。总之，如果希望获得上司的重视，第一反应就必须使自己成为能为上司分忧的人。

四、知彼知己，用自己的长板弥补领导的短板

我常常见到有些工作了三五年的80后管理者，再也找不到工作的

乐趣，总是在抱怨，总想着跳槽。多数是因为，他们长期处在一个职位得不到晋升，自己又苦于找不到更大的空间发挥自己的才能，如果长期碌碌无为下去，又恐位置不保，然而，机会是要靠自己创造的，我们应善于寻找自己的舞台，那么该从何下手呢！我觉得最快最有效的办法，就是去发现领导在工作上的某些不足之处，如果自己在这方面有所见长，那么就抓住机会，帮助领导解决问题。首先，你可以帮助到直接领导，让他更加器重你，使得你的位置稳如泰山；其次，成为直接领导心中的“红人”；最后，你表现机会越多，就越有可能被老板看到，你就越有机会晋升！

因此，80后管理者要想在职场中有所发展，培养并提高为上级领导解决问题的能力是十分重要的。对每一个80后管理者来说，可以为上级领导解决的问题越多，完成的任务越大、越难，在企业的地位越稳固。因此，当上级领导遇到问题时，80后管理者不妨把它看做是一个机会，训练自己快速解决问题的能力。

加藤信三是日本狮王牙刷公司的普通职员，1985年出生。当时，公司正陷入困境，产品一直打不开市场，市场部的主管又缺乏胆识和能力，作为市场部的员工，加藤信三非常着急。一天早上，他用本公司生产的牙刷刷牙时，牙龈被刷出血来。他气得将牙刷扔在马桶里，擦了一把脸，满腹怨气地冲出门去。牙龈被刷出血的情况，已经发生过许多次了，并非每次都怪他不小心，而是牙刷本身的质量存在问题。真不知道技术部的人每天都在干什么！

他来到公司，气冲冲地向技术部走去，准备向有关人员发一通牢骚。忽然，他想起管理培训课上学到的一条训诫：“当你有不满

情绪时，要认识到正有无穷无尽新的天地等待你去开发。”他冷静下来，心想：“难道技术部的人不想解决这个问题吗？一定是暂时找不到解决办法。如果能解决它，情况会怎么样？这也许是一个发挥自己才干的好机会呢！”于是，他掉头就走，打消了去技术部发牢骚的念头。

自此，加藤信三和几位同事一起，着手研究牙龈出血的问题。他们提出了改变牙刷造型、质地、排列方式等多种方案，结果都不理想。一天，加藤信三将牙刷放在显微镜下观察，发现毛的顶端都呈锐利的直角。这是机器切割造成的，无疑是导致牙龈出血的根本原因。于是，加藤信三就向自己的领导建议：公司应该把牙刷毛顶端改成圆形。改进后的狮王牌牙刷在市场上一枝独秀。作为公司的功臣，80后的加藤信三从普通职员晋升为了课长。

80后的小贾，才华与能力十分出众，做事干练有担当，一毕业就被一家大企业录用了，很快就被提升为技术部门的小主管，经常主动加班，也常常会提出很多在技术方面革新的想法，然而由于常常被领导否决，因此总是觉得上头领导不喜欢自己，打压自己，自己的才华得不到发挥。由于苦于自己的能力得不到真正的发挥，心情低落，情绪失控，有时还会顶撞领导，渐渐地领导也对他有些不喜欢！

一次很偶然的机会，小贾和领导两个人一起出差，在旅途中他和领导交谈了很多，发现领导不是不想改革，只是行事过于保守，怕承担巨大的风险，这与自己的风格正好相反，虽然性格上有不同，却也是很好的互补。后来，小贾改变了自己与领导的态度，不

再好高骛远，而是从小细节入手进行技术的改进，耐心向领导讲解想法与实施方案，并且主动要求承担所有的责任，让领导安心给他尝试的机会。随着几个小项目的成功，领导越发信任他，两年后，小贾就独立负责大的项目，成为了一名更高阶层的管理者。

机会不会青睐没有准备的人！不要埋怨没有机会，更不要埋怨得不到领导的重用。80后管理者，如果你真想要获得机会，先问问自己现在的公司是否存在尚未解决的问题，你的主管领导是不是有一些短处，而这些短处恰好还是你的长处。如果有，恭喜你，你的机会来了，抓住它！如果可以把问题当做机会，你的职业生涯离转变也就不远了。

再优秀和杰出的高层，也会有些缺点和不足之处，尤其在当今这个知识大爆炸和分工越来越细的时代更是如此。因此，杰出的领导者如果能有弥补其缺点和不足之处的部属相协助，就会如虎添翼，该公司的工作自然会更上一层楼，而这恰恰是时代信息量掌握丰富的80后管理者的优势所在。毛泽东主席的好助手周恩来总理就起到了伟大的不可替代的辅佐作用，毛泽东有诗人的浪漫，极具魄力，举重若轻；周恩来则严谨缜密，周到细致，举轻若重。

作为副手和辅佐之才，如果不去弥补主官的缺陷和不足之处，双方就不容易融洽共事。因此，80后管理者作为副手想推动上级领导，就要洞悉他的缺陷和不足之处，并在那方面发挥弥补作用，只有这样才能有利于单位的建设和工作的开展。如果一味地和上级的长处相较量、比上下，必将不利于和上级融洽相处，也不利于工作和自己的前途。有些80后管理者才华出众，却偏偏又遇到心不是很宽的领导，那就要以工作大局为重，诚心诚意地工作，恰到好处地协助上级，切勿锋芒毕露，以免造成不必要的误解。

五、向上管理，巧妙提出你的意见与建议

如何正确地对待你与主管领导之间的关系，是80后管理者的必需之课，这对我们80后来说，是职业生涯中首要解决的问题！托尔斯泰曾经说过："每个人都想改变人性，但是却没有人想改变自己。"

如果你发现你对领导的思考、担心或承受来自领导的压力达到了惊人的程度，我几乎可以保证你也不会对这段关系感到愉快。在你搬起石头砸自己的脚，失去理智或者做一些无法挽回的伤害你的关系、名声和职业生涯的事情之前，80后管理者，请先试做一些尝试，先学会接纳你的领导，尊敬他，而不是畏惧他。这样才能确保与领导交谈时，保持理性的头脑与平常的心态，勇敢巧妙地提出你的意见与建议！

给领导提建议是自我推销，展现自己才华的最佳方法，建议能否成功，是工作好坏的关键，在这里建议80后管理者给领导提建议的时候主要把握以下几种方法：

1. 把握提建议的原则，防止"取悦"之嫌

首先，为领导提建议的初衷和动机很关键，80后管理者在提建议前需要扪心自问，自己出于什么动机，如果完全为了在领导面前展示自己的才华，有意取悦于领导，那么这种建议无论质量高低，往往会引起领导反感。

其次，80后管理者给领导提建议，首先应坚持无私的原则，建议要着眼于部队建设，善于从单位利益上考虑，设身处地为领导着想，为领导分忧，只有这样的动机，才能建议得自然。其次，应坚持创意，建议要有创新，如果平平淡淡，无足轻重，都是无价值可言的。

2. 把握提建议的技巧，防止建议“失度”

建议务必慎重，把握建议的度，切忌强人所难，给人留下不知天高地厚之嫌，建议时，态度要诚恳，谦虚。切莫盛气凌人，在公开场合提建议时，要注意领导的面子，以请教的方式提出建议，这样更容易让领导接受。迂回地表示反对性意见，同时还要尽可能地以领导自己的话为根据。

千千是一位1980后出生的时尚达人，大学毕业后在一家报社里做编辑，工作三年了，按说已经是一个“老人”了，可有一天，千千还是犯了个错误，不是工作上的错误，而是职场上的错误。

这一天，千千正在准备第二天的版面，由于过几天要放长假，最近的工作很忙。千千已经很久没有回老家过年了，准备利用春节长假回家看望父母，所以想把下一期的报纸一起做好，这样回家的时间就可以不用那么紧张了。这段时间，千千的工作量十分大，每天都要加班到很晚，但是没办法，谁让自己是外地人呢？不过千千没有因为工作累而抱怨，而是和平时一样敬业和专业。年底报社里要举行各种各样的会议，要大家做各种各样的总结，虽然千千觉得这样的场合其实就是在走过场，还没有多放几天假来得实惠，但是这也是工作的一部分，所以千千也没有怠慢，仔细地将自己的想法都整理了出来，准备在部门会议上说说自己的见解。

千千针对自己的实际和其他同事平时的想法，认真地总结出了几条建议，希望报社对像自己这样家在外地的员工给予一定的关注，尤其是在春节长假这件事上。虽说现在报社待遇还不错，但是在考勤上十分严格，对于像千千这样的编辑来说，其实没有必要这么严格地要求，只要把报纸版面安排好了，按时出报就可以了，而且其他报社也很少有编辑还要坐班的要求。在千千看来，自己这个建议合情合理，尤其是在春节放假这段时间，很多外地同事都希望有更多的时间能够在家里陪伴父母，而且也可以躲过回城的客流高峰，一举两得。千千觉得自己的想法很符合实际，所以就在会议上提了出来。然而让千千没想到的是，自己的建议却被领导大大地批评了一番，而且还被领导说成了是“某些员工因为春节请假的事而闹情绪，对报社的领导不服从”等。听领导这么一说，千千才想起来：前几天自己去找部门主任请假，希望春节后晚回来几天，部门主任不同意，说这样会耽误工作。千千据理力争，和部门主任说了半天，最后部门主任看着脸红脖子粗的千千快要哭了，才勉强同意让千千做完下一期的报纸再走，可以给她多两天的时间，当然那个月的全勤奖自然也就没了。

想到这些，千千才明白，原来主任是觉得自己由于没有顺利达成春节多请几天假的目的而故意在这次会议上发表意见，借以发泄自己的情绪，所以才会给自己扣上了“情绪化”的帽子。千千赶忙找到主任，向他解释自己的想法，还好最终得到了主任的理解。

像千千这样的事其实在很多公司里都会发生，由于时机不对，员工的意见或者建议很有可能就会变成领导嘴里的“情绪化”。所以，在发表自己的意见或者建议的时候，一定要想好，一定要做好准备，这样才会让自己得到最后的利益。

3. 把握提出建议的质量，防止建议稚嫩

建议提出的好与坏，质量高不高，往往关系到领导对你的评价和看

法。因此，应慎重，应周密准备，以便取得最佳效果。必须增强观点的说服力，使自己的想法不断地成熟，完善。能够经得起推敲和反问。领导需要的是可行的方案和可行的论证。如果你的观点论证的不充分，缺乏有力的论据，那你的建议只有被驳回了。

欣欣是一个喜欢说话的80后小姑娘，虽然到公司没有多久，但是和大家相处得十分和睦，而且她人又勤快，很多人都喜欢她。她也很有心，什么事情都很认真地去观察。来到公司两个多月，欣欣就发现公司里有很多不合理的现象，比如说加班没有加班费，除了年终会议之外其他的节假日也没有什么补贴和活动，虽说这种事情不是硬性规定，但是很多同事都希望能够有这样的活动……这些，欣欣都记在了心里，准备在公司开总结会的时候提出来。

很快就到了年底，欣欣才来公司几个月，并没有发言的机会，于是她就将自己平时积攒的那些问题用另一种方式表达了出来。她将这些问题编排成了一个小品，在公司的联欢会上表演，和几个同事就用这样一种方式将建议说了出来。由于表演幽默风趣，而且语言运用合理，并没有出现针对性的场面，大家十分高兴，领导虽然明白了这个小品的用意，但是觉得这种方式并没有使自己的面子受到损害，反而觉得这个小品对自己是个提醒，觉得编写这个小品的人很聪明，很为公司着想，不但在会后采纳了小品中的建议，还给了欣欣额外的奖励。

欣欣的案例告诉我们，领导不是不可以接受建议，只是提建议的方式需要巧妙，既积极又不伤害公司形象和领导尊严。同时，提建议的80后管理者也可以多准备几个方案，这样不是让领导感到除了接受你这一建议外还有其他的选择，而是因为，多备几套方案会增大领导接受你建议的可能性，也显得比较严谨、周密。考虑问题全面，细致，才能起到较好的效果。

总之，在与上级领导的相处中，80 后管理者应做到以下几项基本原则：

一是尊重而不惧怕：尊重领导，维护领导的面子与尊严，但不必敬而远之；

二是亲近而不亲密：与领导保持适当亲近的私人关系，但一定要充分维护领导的个人隐私，不搞拜山头；

三是服从而不盲从：挨批时学会认错与包容，有不同想法委婉建议但绝不顶撞，建议未果后还是得服从；

四是换位而不越位：换位思考，周全考虑，为领导分忧，但行动前必须请示领导。

做到以上几点，你就会发现，其实下属也可以“向上管理”，巧妙影响甚至改变你的上司。

后　记

属于80后的管理时代

《大学生了没》是中国台湾的一档电视节目，于2007年7月30日在中天综合台首播。该节目专为大学生族群量身定做，每集邀请16位来自不同大学、不同学系的学生上来接受不同问题的考验。在2011年8月9日的《大学生了没》中，一位名叫Misslin的网友以夸张另类的造型、一口做作的英语、扭捏妖娆的姿态向大学生们介绍什么是Fashion。其极度夸张搞笑的表演震撼了当天节目现场的所有观众，Misslin的口头禅是“整个场面我要hold住”。据了解，该7分钟视频被放上Youtube才11天点击率就突破100万次。

在英语中，“hold”有拿、抱、握住、顶住、控制、掌控等意思。“hold住”就是指面对各种状况都要保持住、坚持住，充满自信，从容应对一切。“要hold住”也有给力、加油的意思，而“hold不住”则相当于“伤不起”的用法。而时代已经对走进管理前台的80后管理者提出了“要hold住”的要求，80后管理者需要果敢地承担自己的责任，充满自信，从容应对一切。

现在管理领域的80后新人主要有三方面的问题：一是缺乏对新角

色的职能认知，不明白作为管理者应该做些什么。好的管理者不是靠自己拿成绩，而是靠下属和团队；二是管理知识和管理水平不足；三是比较独立但是比较自我，作为管理者应起到的表率作用比较欠缺。

智联招聘的调研显示，40.5%的1980—1984年出生的人已经开始进入公司的核心岗位，其中16.3%的人已经担任了公司的中层管理岗位。前程无忧最近一项调查也发现，新晋升和新入职的经理中80后人群占到七成，其中85后又占26%。在岗位的转换中，很多“新领导”却表现出了种种问题，领导力的不足已成为他们做好管理工作的最大障碍。著名企管专家谭小芳老师则表示，坐上管理岗位的80后年青一代，需要认知管理职能，并且对团队工作投入更多精力，才能更好驾驭自己的未来。

在欧洲和美国本土企业中，一线员工通常要工作五六年后才会得到提拔。相较于欧美比较成熟的经济市场，中国的人才培养周期更短，在中国，一线员工一般两三年后就会得到晋升。现在，有些30岁左右的企业员工已经得到提拔，走向管理岗位。而在一些互联网公司中，被提拔的员工更加年轻化。不过，据了解，80后在大企业中进入中高层的还比较少，他们很多都是在中小企业中晋升到管理岗位，有的已经可以带领一个团队。

然而，在做到管理岗位的80后中，也有一些人是“被升职”，没有做好准备的他们对做领导表现出了很大的不适应：有些人在同龄人中因业绩出色而被提拔为管理者，但面对原来打成一片的同事们却不知如何沟通；有些人害怕做管理者后带来的压力，以前只要做好自己的本职工作就可以了，现在却要为整个团队而操心……种种不适说明年青一代要想成为合格的领导者需要进一步提升领导力。80后是比较自我的一代，兴趣点转移很快，协作性不足，甚至有时缺少换位思考。因此，绝大多数80后从员工变身为管理者后，都会经历一个或长或短的不适期，成长路径这时也会呈现出一个向下的凹陷。80后成为管理者之后，要面临一个管理自我、挑战自我、超越自我的过程，要学会忍耐、倾听和理性分析员工的行为表现，才能逐步成长为比较成熟的管理者。

80后管理者比较个性化，自我意识强，比较强调自己的私人时间。80后带团队时，都是把上班时间和下班时间分开来，他会对别人说下班之后不要拿工作的事情来麻烦我。领导这样，下属自然也不会有更多的投入。实际上，像公关、销售、咨询、IT以及客服等行业很多人在下班后也是要工作的，而这些行业还往往是管理年轻化的桥头堡。有些80后把工作和生活完全分开是不现实的，但如果你做的是喜欢的工作，那么工作的过程可能也应该是享受的过程，年轻的80后管理者需要承担更多，才能为自己积累更多。许多人在追求快乐，而非做企业的成果。但任何工作不可能只是带来快乐，而没有乏味、枯燥的一面。一个人工作上的快乐往往是自己做出了业绩、完成了一项任务时的快感，而不是反过来，快乐让人完成任务。优秀的80后管理者知道：只有实实在在的结果、实实在在的业绩、实实在在的解决问题才是根本的，而你花多少时间、用了多少心血、吃了多少苦头、多么早的介入，等等，都是次要的。

80后管理者不可避免地会经常在生活和工作中遇到令人烦恼、愤怒、烦躁、害怕、担心、生气、郁闷的事情，这些事情对于80后管理者来说，是客观的存在和既定的现实，问题不在于这些事情本身，而在于80后管理者自己。因为烦恼、愤怒、烦躁、害怕、担心、生气、郁闷的是他们自己，而不是那些事情。不良的情绪和心情必然会伤害到

80 后管理者自己的身心健康，必然会影响到生命质量，也必然会给 80 后的管理工作造成损失。

这是属于 80 后的管理时代，不可逆转，但是 80 后管理者必须认识到自己的能力还很有限，必须努力地改变自己，提升自己。

80 后管理者首先要做到随时调整和改变自己，清楚地让自己知道，有些时候问题在于自己，而不是在于外界，只有时刻做到认识自己、管住自己、战胜自己、超越自己，才能谈到别的事情，才能做好企业的管理。只有把认识自己、管住自己、战胜自己、超越自己作为自己时时处处要做的头等要事，时时处处坚持的目标，才不至于浪费宝贵的时间，才有可能使生命变得有意义、有价值、有光辉！

80 后管理者，珍惜生命、珍惜时间吧！把时间和精力放在提升自己和履行使命上吧！再没有这样好的时代，能够让一个年轻的 80 后走向市场经济的前沿，在第一线指挥战场，带领团队。也许职场多风雨，也许管理多磨难，但是 80 后多给力，就一定能 hold 住场面，最终把握住这属于 80 后的机遇，创造属于 80 后的时代。

作　者

2013 年 2 月